CARLOS GONTOW

Você consegue aprender o que quiser

ESTRATÉGIAS E DICAS DE APRENDIZADO
QUE PODEM SER APLICADAS A QUALQUER ÁREA

©2013 Carlos Gontow

Preparação de texto: Larissa Lino Barbosa / Verba Editorial
Capa e projeto gráfico: Paula Astiz
Editoração eletrônica: Laura Lotufo / Paula Astiz Design
Assistente editorial: Aline Naomi Sassaki

Dados Internacionais de Catalogação na Publicação (CIP)
(Câmara Brasileira do Livro, SP, Brasil)

Gontow, Carlos
　　Você consegue aprender o que quiser : estratégias e dicas de aprendizado que podem ser aplicadas a qualquer área / Carlos Gontow. — Barueri, SP : DISAL, 2013.

　　ISBN 978-85-7844-153-1

　　1. Aprendizagem 2. Aprendizagem - Metodologia 3. Disciplina 4. Estratégia 5. Métodos de estudo 6. Motivação 7. Objetivo I. Título.

13-10885　　　　　　　　　　　　　　　　　　CDD-371.30281

Índices para catálogo sistemático:
1. Estudo : Métodos : Estratégias : Educação　371.30281

Todos os direitos reservados em nome de:
Bantim, Canato e Guazzelli Editora Ltda.

Alameda Mamoré 911 – cj. 107
Alphaville – BARUERI – SP
CEP: 06454-040
Tel. / Fax: (11) 4195-2811
Visite nosso site: www.disaleditora.com.br
Televendas: (11) 3226-3111

Fax gratuito: 0800 7707 105/106
E-mail para pedidos: comercialdisal@disal.com.br

Nenhuma parte desta publicação pode ser reproduzida, arquivada ou transmitida de nenhuma forma ou meio sem permissão expressa e por escrito da Editora.

*Dedico este livro a todos os problemas que
tive na minha vida, pois foram eles que me
ajudaram a crescer e a aprender cada vez mais.*

*Aos meus filhos, Bruna e Pedro,
com quem estou sempre aprendendo coisas novas,
não só sobre o mundo, mas sobre mim mesmo.*

*E a Deus, que segura na minha mão e
me dá forças para seguir.*

Carlos

Sumário

9 **Introdução**

11 *É preciso começar*

12 *Para aprender você precisa agir*

14 *Como aprender – o exemplo da cachorrinha*

17 *É normal ter medo – o exemplo de Hugh Jackman*

19 *Repita muitas vezes –
   o exemplo de Américo Cuvello Neto*

21 *Conhecimento formal e informal*

23 *Sonhar é bom, mas não é o suficiente*

25 *Lide com seus medos e inseguranças*

27 *Vença as dificuldades – o exemplo de Marta Pochini*

29 *Preocupe-se, mas sem exageros*

31 *Esforce-se sempre um pouco mais*

32 *Mude sua postura e aprenda mais*

34 *Olhe o lado bom das coisas*

35 *O que você faz para aprender melhor?*

37 *Fracassar é bom*

40 *Visualize o que está aprendendo*

42 **Tenha tenacidade e determinação –**
   o exemplo de *The Glee Project*

45 **Faça muitas vezes – a história do tricô da Laura**

48 **Você precisa errar para aprender –**
   as lições de George Clooney e Lilian Roizman

50 **Seja um talento**

52 **Ensinar ajuda a aprender**

54 **Aprenda com seus erros – o exemplo da Tatiani Loro**

57 **Aprender é uma questão de fibra –**
   os exemplos de Bethany Hamilton e Natalie du Toit

60 **Invente músicas e aprenda mais**

62 **O fracasso não é uma coisa negativa**

64 **Tome as rédeas do seu aprendizado**

66 **A prática vale mais do que o estudo**

68 **Diferentes maneiras de aprender –**
   o exemplo de Jim Parsons e Mayim Bialik

70 **Não crie desculpas para você mesmo**

72 **Atitude em relação ao aprendizado – alguns exemplos**

75 **Esqueça que está cansado**

77 **Ensaie bastante antes de fazer "pra valer"**

79 **O segredo é praticar – o exemplo de Mildred Pierce**

81 **Tenha uma atitude DIY**

84 **Não deixe o tempo desanimar você**

86 **A educação mudou. E você?**

88 **Ninguém fracassa ao aprender –**
   o exemplo de Pedro Dias

90 **Aprender e correr – qual a diferença?**

92 *É normal errar –*
alguns exemplos da minha família

94 *A persistência vale a pena –*
o exemplo de Bruna Gontow

97 *Não são os testes que contam*

99 *Não tenha medo das dificuldades*

101 *Avalie o seu aprendizado constantemente*

103 *Você não merece nada*

105 *Aproveite as pessoas que passam pela sua vida –*
a história de Clarisse Frydman

108 *Não deixe para amanhã*

110 *O que fazer quando você não gosta do que precisa*
aprender?

112 *Nós aprendemos um pouquinho todos os dias*

114 *É importante ler*

116 *Aprender de novo não existe*

118 *É preciso pensar*

120 *Atitude é tudo para o aprendizado –*
o exemplo de Pedro Gontow

122 *É bom aprender coisas novas*

124 *Ouvir e prestar atenção é muito importante*

126 *Utilize melhor o seu tempo*

128 *O que fazer com as provas e testes*

130 *O esforço é o que importa*

132 *Pense no que você faz bem*

134 *Disciplina – o exemplo de Bob Fosse*

136 *Defina o seu problema claramente*

138 *Aprenda com entusiasmo*

140 *Tenha disposição para aprender*

142 *Iniciativa não é o problema*

144 *Na cozinha – exemplo de István Wessel*

146 *Escape de você mesmo*

148 *Faça elogios a você mesmo*

149 *Fame – the Musical – imediatismo ou trabalho árduo?*

153 *Você não consegue até o dia em que consegue –
o exemplo de Matheus França*

155 *É importante se concentrar*

157 *Faça um resumo do que estudou*

158 *Ouça uma música relaxante enquanto estuda*

160 *Não se desespere*

161 *Você vai aprender quando estiver pronto*

163 *Vá atrás das coisas – não se acomode*

165 *Pense em alguma coisa difícil que você conseguiu fazer –
o exemplo de Anne Hathaway*

167 *Faça a lição de casa*

170 *O erro é seu amigo*

172 *O que importa não é dar a resposta certa, mas saber
a resposta certa*

175 *Não ponha a culpa nos outros*

177 *Muita coisa é chata no começo*

179 *Nunca deixe de aprender*

181 *Referências bibliográficas*

183 *Sobre o autor*

Introdução

Quando eu lancei o livro *101 Dicas Para Você Aprender Inglês Com Sucesso*, muitas pessoas me escreveram ou vieram conversar comigo para dizer que o livro as ajudou muito, pois dizia coisas simples que qualquer pessoa poderia fazer para aprender inglês.

Um dos comentários que mais ouvi, no entanto, é que o livro não é bom apenas para quem quer aprender inglês, mas para quem quer aprender em geral.

Uma vez, ao dar uma entrevista no programa de rádio do Marcelo Duarte, ele disse no ar que o livro poderia ajudar pessoas que querem aprender qualquer coisa. Logo após a entrevista, recebi um telefonema da produção do programa me dizendo que uma ouvinte havia deixado o número de telefone dela para que eu entrasse em contato. Liguei e ela me disse que depois de ouvir que com o meu livro ela poderia aprender qualquer coisa, queria que eu desse a ela aulas de computação. Eu disse a ela que não era bem assim, e que eu não era professor disso, mas que o livro apresentava dicas e princípios que ajudariam no aprendizado em geral.

No entanto, tudo isso me fez pensar. Os princípios de aprendizado são os mesmos para qualquer coisa que se queira aprender. Se você não está aprendendo direito, pode ser que não esteja usando a estratégia de aprendizado que dá certo para você.

Existem muitas estratégias para aprender. Todas elas funcionam, mas funcionam para pessoas diferentes. O que funciona para você pode não funcionar para mim. O grande segredo é você experimentar coisas diferentes. Tentando aprender de outra maneira que não seja a qual você está acostumado, pode ser que você aprenda muito melhor.

    A ideia principal deste livro é: com esforço, dedicação e prática você consegue aprender qualquer coisa mesmo.

    O livro apresenta várias dicas. Não fui eu quem inventou todas elas. São dicas que me deram, coisas que li, coisas que descobri na prática do ensino e também muitas coisas que aprendi observando a maneira de os meus alunos aprenderem. Cada pessoa é diferente e eu aprendo diariamente com todos os que convivem comigo.

    Este livro não tem uma ordem certa. Você pode ler qualquer capítulo em qualquer ordem. Todos eles se complementam. A sua maneira de aprender é sua, e vai ser uma combinação de vários fatores É importante você pensar sobre a sua maneira de aprender. Se conseguir mudar velhos hábitos, vai aprender muito mais e melhor — não importa o que quiser aprender.

    Boa sorte no seu aprendizado!

É preciso começar

Essa frase me chamou a atenção um dia no Facebook: *"Você não precisa ser incrível para começar, mas você precisa começar para ser incrível."*

Não sei quem disse isso mas, pensando bem, é uma grande verdade. Eu já ouvi muitas pessoas dizerem que não estudam canto porque são ruins de canto. Isso é um contrassenso! Você não precisa ser bom em canto para começar a estudar. Mas depois que você começar a estudar e aprender, vai começar a ficar bom, e daí para a frente vai ficar cada vez melhor. E isso não é só para o canto. É para tudo que vamos aprender.

Uma das coisas que impede o aprendizado é nossa dificuldade em nos mostrarmos vulneráveis. Parece que mostrar aos outros que não sabemos algo é um sinal de fraqueza. Não é! Todos somos ruins no início e com a prática vamos melhorando. Se não fosse assim, um bebê nunca começaria a andar, pois ele ia achar que andava mal. Mas o bebê aprende a andar, mesmo que no começo ande meio cambaleante, mesmo que leve muitos tombos, porque ele não pensa que está andando mal. Ele pensa que está cada vez andando melhor, e que é melhor andar do que engatinhar.

Quando estamos aprendendo é normal errarmos, nos confundirmos, nos esquecermos. Todo mundo passa por isso. Por isso não tenha vergonha nem medo e não se sinta mal por não ser bom. Com o tempo você vai ficar bom. É só olhar para frente e se esforçar!

Para aprender você precisa agir

Num artigo publicado na revista *Você S/A*, Luiz Carlos Cabreira fala sobre uma das coisas fundamentais para o aprendizado. Segundo ele, *"você deve ter uma atitude de querer aprender e não de querer ser ensinado. Isso significa que deve ter uma atitude ativa, e não passiva"*.

Se você prestar atenção ao mundo à sua volta, vai ver que numa mesma sala de aula há pessoas que aprendem mais e pessoas que aprendem menos. E há aqueles que aprendem muito pouco. Por que isso acontece? Porque algumas pessoas agem e tentam aprender. Não adianta esperar que o professor ensine. Na verdade, o professor está lá para ajudar, para mostrar o caminho ou os caminhos, mas quem tem que seguir a estrada é você. Você precisa tomar as rédeas do seu aprendizado.

Há pessoas que me escrevem perguntando qual é a melhor escola de inglês. Isso é muito relativo, pois depende muito do aluno. Há escolas famosas e caras e escolas menores e nem tão famosas. Eu conheço gente que aprendeu nos dois tipos de escola, e também conheço gente que não aprendeu. É claro que estudar numa escola boa ajuda, mas se você não fizer a sua parte, não adianta muito.

Há muita coisa que você pode fazer fora da aula para aprender e praticar. E isso não depende da escola em que você estuda. Depende de você!

Todo mundo consegue aprender qualquer coisa. Nem

tudo é fácil, mas com dedicação você chega lá. Quando houver um problema ou uma dificuldade, pense no que você pode fazer para superá-lo. Estudar mais e fazer mais exercícios, por exemplo. Quantos exercícios? Quantos forem necessários até você aprender! O interesse é seu.

Pense bem: aprender é possível e só depende de você agir. Se você está lendo este livro, já é sinal de que tem interesse. Agora faça algo por você!

Como aprender –
o exemplo da cachorrinha

Eu vi esse vídeo pela primeira vez no Facebook, quando vários amigos o compartilharam. Pode ser que você também o tenha visto. Se não viu, é fácil de achá-lo na internet.

Uma cachorrinha está tentando aprender a descer as escadas de uma casa. Ela fica no topo da escada e a sua dona vai dizendo frases de encorajamento como: *"Vamos lá, você consegue!" "Você já está quase conseguindo!"*.

A cachorrinha tem medo, tenta, acha que não vai dar, quase desiste e volta a tentar. Um cachorro mais velho, chamado Simon, vai até ela e mostra como ela deve fazer. Ele desce a escada e a cachorrinha olha. Ela tenta copiar, mas tem dificuldade. Simon sobe a escada e mostra a ela mais uma vez. Ele não fala — pois é um cachorro — mas, da sua maneira, ele diz a ela que ela deve tentar e que ele estará lá para ajudá-la. Até que ela vai e finalmente consegue. Um vídeo que as pessoas compartilharam dizendo que era lindo, emocionante etc.

Esse vídeo me fez pensar sobre o processo de aprender. Aprender é igual para qualquer pessoa ou qualquer animal. É um processo de tentativa e erro. Se você não tentar, não vai conseguir.

O processo é igual para todo mundo. Aprender sempre significa dar um salto no escuro. Você vai entrar num território desconhecido. Dá um pouco de medo, pois você está saindo da sua zona de conforto. Mas se você não fizer isso, não vai aprender nada. Esse medo é natural, mas você precisa enfrentá-lo. Com o tempo, vai se sentindo mais confortável, menos inseguro, até aprender.

Na segunda vez que aquela cachorrinha foi tentar descer a escada — pena que não achei o próximo vídeo — não deve ter sido totalmente fácil ainda. Ela ainda deve ter tido um pouquinho de medo, um pouquinho de dificuldade, mas deve ter sido um pouco menos difícil. Até que, depois de muitas tentativas, ela deve ter conseguido descer a escada sem medo e com tranquilidade.

E o cachorro mais velho, Simon? Qual foi o papel dele nesse processo? Ele foi o professor. Mostrou várias vezes e esperou que a "aluna" tentasse. É isso que faz um professor. O professor não ensina. Ele mostra como é, e o aluno aprende por conta própria.

Numa aula de qualquer coisa também é assim. O professor mostra como é. Você tenta. Você erra. O professor mostra mais uma vez. Quando ele te corrige, ele não está criticando você. Ele está apenas mostrando como é a maneira correta de fazer. E ele dá a você oportunidades para praticar. Mas quem tem que tentar é você. Até que você aprenda.

Assistindo àquele vídeo, me dei conta de que o cachorro era eu!

E qual é o papel da dona dos cachorros? Também é o papel do professor. Ela foi encorajando a aluna. Ela dizia: *"Vamos lá, você consegue!" "Muito bem! Está no caminho certo!" "Tente mais uma vez!"* Mas o trabalho de tentar foi da aluna.

Como aluno, você precisa ter sempre isso em mente. Para aprender, você precisa tentar. Tentar não significa acertar de primeira, nem de segunda, nem de décima. Você vai melhorando um pouquinho de cada vez até aprender. E você pode falar para você mesmo: *"Muito bem, estou no caminho certo!" "Estou começando a aprender."* Não adianta você pensar no que não consegue fazer ainda. Você precisa pensar que está cada vez melhor.

Na mesma semana em que eu assisti a esse vídeo, eu estava na escola onde trabalho dando testes de classificação para alunos novos para os cursos de inglês. Eu sempre digo a eles que o teste não tem aprovação ou reprovação. Nós queremos justamente saber o que o aluno já sabe e o que ele ainda não sabe, para o colocarmos num curso onde ele já saiba o que está para trás e não saiba o que vem pela frente. Uma menina de oito anos que foi fazer o teste foi classificada num determinado nível. Eu expliquei para ela que havia coisas que ela sabia e coisas que ela ainda não sabia. Ela então me disse: *"Eu não sou boa de inglês."* Eu disse a ela: *"Você é boa nas coisas que você já sabe e não é boa nas que você não sabe. Quando você começar o curso, você não será boa naquilo. No final do semestre você será boa. E aí você vai para um curso mais adiantado, onde você não será boa, até que no final do semestre você ficará boa."* O objetivo não é você ser bom no começo — é ser bom no fim, como eu já disse antes.

E para aprender, você precisa tentar fazer as coisas em que você ainda não é bom. Até você aprender, e ficar melhor. Por isso tente sempre! Esforce-se, lute contra as dificuldades, tente mais e você vai conseguir. Se parar por que cansou de tentar, vai ficar no mesmo lugar e não vai aprender.

Tente sempre. É isso que vai levar você para a frente!

É normal ter medo –
o exemplo de Hugh Jackman

No dia 12 de janeiro de 2013, foram entregues, nos Estados Unidos, os prêmios do Globo de Ouro aos melhores do cinema e da televisão do ano anterior.

O filme *Les Misérables*, adaptação do musical apresentado no mundo inteiro, inclusive no Brasil, ganhou o prêmio de melhor filme comédia ou musical, além dos prêmios de melhor atriz coadjuvante para Anne Hathaway e melhor ator para Hugh Jackman.

Muita gente que conhece Hugh Jackman só pelo seu papel de *Wolverine* nos filmes *X-Men* não sabe que ele é um super ator de teatro musical e que canta maravilhosamente. Ganhou um prêmio merecidíssimo, pois sua interpretação de Jean Valjean no musical é maravilhosa — se você ainda não assistiu, não perca!

O que me impressionou foi o seu discurso de agradecimento ao receber o Globo de Ouro. Entre outras coisas, ele conta que três semanas antes de começarem as filmagens do filme, ele teve um dia de ensaio tão ruim e tão humilhante, que chegou em casa dizendo que ia telefonar para o diretor e pedir para sair do filme. Ele achava que não ia conseguir fazer o papel e que era demais para ele. Quando são feitos filmes musicais, os atores gravam todas as músicas num estúdio antes, e na hora da filmagem somente dublam. No entanto, em *Les Misérables*, tudo foi cantado ao vivo na filmagem. Os atores tinham que interpretar, cantar e preocupar-se com a câmera, o que era um trabalho muito difícil.

Foi a mulher de Hugh Jackman que o convenceu a ficar. E ele fez um trabalho tão maravilhoso a ponto de ganhar diversos prêmios. No discurso, ele agradeceu à sua mulher por estar *"sempre certa"*.

Todos nós temos nossos medos e nossas inseguranças. Não importa se você já é um ator consagrado e talentoso. Fazer um novo papel é dar um salto no escuro. É tentar coisas novas. Dá medo! A gente acha que não vai conseguir. Se o Hugh Jackman tivesse desistido, talvez tivesse ficado frustrado para sempre. Ao invés disso, ele tentou. Deve ter sofrido muito no processo, mas chegou lá.

É um exemplo para todos nós, não acham? Quantas vezes nós achamos algo difícil e desistimos antes mesmo de tentarmos? Quantas vezes desistimos depois da primeira dificuldade? E depois ficamos frustrados por não ter conseguido, quando na verdade não tentamos o suficiente.

Para aprender você precisa praticar. É normal sentir medo e achar difícil, mas desistir não leva a nada. Você precisa enfrentar os medos e continuar. E o exemplo de Hugh Jackman está aí para confirmar.

Repita muitas vezes – o exemplo de Américo Cuvello Neto

Para você aprender alguma coisa é fundamental praticar bastante. Esse é o princípio base do aprendizado de tudo. Se você quer aprender a falar espanhol, precisa praticar, praticar, praticar. Se quer aprender a tocar violão, precisa praticar, praticar, praticar. E assim por diante.

Você não se lembra, pois era muito pequeno, mas foi assim que você aprendeu a falar, a andar, a correr e tudo o que você aprendeu quando criança. Você nasceu e não sabia falar língua nenhuma. Foi morar com uma família que falava português. As pessoas falavam com você o tempo todo e você só ia ouvindo, pois não conseguia falar nada. Aos poucos foi balbuciando as primeiras palavras até conseguir falar. E esse processo demorou bastante tempo. Se você tivesse ouvido francês, teria aprendido francês. Foi a prática de ouvir e tentar falar que fez com que você aprendesse.

Para você aprender a andar, alguém segurava suas mãozinhas enquanto você tentava dar os primeiros passos. Até você conseguir ir sozinho demorou bastante e você praticou muito. E foi assim que você aprendeu a andar de bicicleta, jogar futebol e tantas outras coisas mais.

Não importa o que você está tentando aprender. Você precisa repetir muito até conseguir.

Como professor de inglês, eu dou essa ideia aos meus alunos: escolher um filme ou um vídeo e assistir a ele muitas vezes. Eu sugiro algo curto, como um episódio de um seriado de TV. Há os seriados que têm episódios de 42 minutos (que na TV levam uma hora por causa dos comerciais) e os que têm episódios de 21 minutos (que na TV levam 30 minutos). Eu sugiro que assistam ao mesmo episódio várias vezes. Na primeira vez, eles devem assistir sabendo que não vão entender muita coisa — talvez só uma ideia bem geral da história. E depois que eles assistirem ao mesmo episódio mais vezes, vão conseguir entender mais.

Quando alguém assiste ao mesmo episódio muitas vezes, vai percebendo que a cada vez está entendendo um pouco mais. Além da história, ele começa a entender palavras, frases, expressões, e vai até entender algumas piadas e jogos de palavras que não tinha conseguido entender antes. À medida em que assiste, a pessoa vai entendendo cada vez mais, começando do geral e indo para os detalhes.

Eu tenho alunos que seguem o meu conselho e tenho alunos que não o seguem. Quem você acha que aprende inglês melhor?

O Américo Cuvello Neto, um dos meus alunos, chegava a assistir ao mesmo episódio cinco vezes. E depois ele comentava comigo que a cada vez entendia mais. Como consequência, seu inglês progrediu muito. Depois de algum tempo, ele me contava feliz que tinha assistido a um programa apenas três vezes e já tinha conseguido entender praticamente tudo. É claro, quanto mais você pratica, mais você entende.

Esse é apenas um exemplo. Ele vale para tudo. Se você quer aprender a pintar, precisa pintar muito. Se você aprende uma determinada técnica ou maneira de segurar o lápis ou o pincel, precisa repetir muitas vezes até que consiga fazer aquilo naturalmente. Quanto mais repetir, melhor para você.

Quando estiver aprendendo algo, experimente repetir muitas vezes. Você vai sentir os resultados.

Conhecimento formal e informal

Eu gosto muito de ler a revista *Você S/A* da editora Abril. A revista é voltada a carreiras e tem artigos muito interessantes. E muitas das coisas faladas na revista podem ser aplicadas ao ensino e estudo de qualquer assunto ou matéria.

Na edição de dezembro de 2011, saiu uma estatística muito curiosa, baseada num estudo de como os profissionais aprendem. Segundo essa estatística, 20% do conhecimento é formal, ou aquele que é adquirido numa sala de aula. E 80% do conhecimento é informal, ou seja, conhecimento que se adquire por meio de troca de experiências.

No artigo em que essa estatística foi publicada, eles ainda falam sobre a diferença entre treinamento e aprendizado. Segundo a matéria, *"treinar é aperfeiçoar uma habilidade que a pessoa já tem. O treinamento pode ser feito de forma rápida. O aprendizado tem a ver com desbravar uma área do conhecimento."*

Nenhum curso ensina tudo o que você precisa aprender. Mesmo que você estude sozinho, um livro não ensina tudo o que você vai aprender. Ele dá a você um treinamento básico, mas é você que vai precisar desbravar o objeto do estudo para aprender de verdade.

Aqueles 80% a que se refere o conhecimento informal você vai aprender usando o seu conhecimento, ou seja, experimentando o que você aprendeu na aula ou na teoria.

Se você perguntar para pessoas que falam inglês bem e ouvir as histórias de como elas aprenderam, vai ver que em todas elas há aquela dose de esforço a mais, de ir mais longe do que o curso pedia e de brincar com a língua. Aliás, no meu livro *101 Dicas Para Você Aprender Inglês Com Sucesso* eu relatei diversas dessas histórias, baseadas em depoimentos de pessoas que conviveram comigo ou que me escreveram. São histórias inspiradoras.

Quando você vê alunos de uma mesma sala num curso qualquer, vai perceber que há uma grande diferença de nível entre eles. Todos têm a mesma base. O que faz a diferença é justamente o que cada um faz fora da sala de aula. São aqueles 80% de conhecimento informal.

O que você quer em relação ao seu aprendizado? Quer ter aquele conhecimento básico ou quer saber de verdade? O segredo está dentro de você!

Sonhar é bom, mas não é o suficiente

Todo final de ano acontece a mesma coisa. Você faz um monte de promessas. *"No próximo ano eu vou aprender a costurar." "Eu vou finalmente entrar para um curso de pintura."* Eu tenho um amigo que todo ano vai começar um curso de marcenaria. E quando chega o final do ano, nada aconteceu. E novas promessas são feitas para o ano seguinte.

Novas? Na verdade a maioria das promessas são as mesmas.

O ano-novo é apenas uma data simbólica. Na verdade, todos os dias são novos. E todos os dias começam com milhares de possibilidades para nós. Resta sairmos da nossa zona de conforto e irmos atrás dessas possibilidades. E nos esforçarmos para superar as dificuldades e conseguir o sucesso.

Esses tempos caiu nas minhas mãos um exemplar antigo da revista *Vencer*, em que li um artigo muito interessante sobre sonhos, escrito por Cesar Romão. No artigo, intitulado "Pague o Preço Por Seus Sonhos", o autor fala que sonhar é de graça, mas que ao se tomar consciência de tudo o que precisamos para fazer o sonho virar realidade, acabamos desistindo e tudo fica como estava.

Muitas vezes sonhamos e dizemos que vamos fazer isso e aquilo, aprender coisas novas, mas esquecemos que para aprender precisamos fazer sacrifícios. Na hora do sacrifício, porém, acabamos desistindo de suportar o peso. E nada muda.

Segundo o autor, quem não tem coragem de pagar o preço apenas emite sonhos, mas quem tem coragem consegue materializá-los. Com disciplina, vontade, paciência e perseverança você chega lá.

Com esforço e dedicação, conseguimos muita coisa. Não adianta achar que vai ser fácil e que aprender não vai causar um pouco de sofrimento. O processo de aprendizado é doloroso também. Temos dúvidas, inseguranças, dificuldades, nos sentimos cansados e frustrados às vezes. Mas ao mesmo tempo, é um processo prazeroso. Cada pequena vitória é um motivo de alegria. Cada vez que conseguimos aprender alguma coisa, por menor que seja, temos muitas razões para comemorar. E depois que isso passa, a sensação de sofrimento e dificuldade dá lugar à alegria. Eu também tive dificuldades para aprender inglês, mas não me lembro disso com sofrimento. O que ficou foi a sensação boa de hoje saber falar inglês. Da mesma forma, um bailarino que passa semanas aprendendo uma coreografia, na hora da apresentação não lembra do sofrimento que foi repetir aquilo centenas de vezes. Ele não precisa mais contar os tempos da música. Ele ouve a música e dança, livremente.

Você não precisa esperar o ano-novo para começar a aprender alguma coisa nova. Nunca vai chegar aquele momento mágico em que todas as condições estarão favoráveis para você começar. Simplesmente comece. E vá em frente. E no final do próximo ano, olhe para trás e veja como você progrediu.

Lide com seus medos e inseguranças

Você tem medo quando vai começar a aprender algo novo? Se tem, fique sabendo que você é absolutamente normal. Aprender alguma coisa nova sempre faz esses medos aparecerem. Isso acontece com todo mundo. O importante é não deixar que o medo e a insegurança o impeçam de ir para a frente.

Numa entrevista publicada pela *Folha de S.Paulo*, a psicóloga Adriana Gomes diz que nós somos bombardeados a toda hora com a ideia de que temos que estar preparados para tudo, que temos que nos adaptar às novas situações, mas que não é fácil lidar com a insegurança e o medo que aparecem nessas situações. Ela diz que internamente sofremos com tanta pressão por resultados e a nossa expectativa é alta demais para nós mesmos.

Adriana diz que todos têm medo e muito disso é causado pelo perfeccionismo, dificuldade em saber lidar com as críticas e pela baixa autoestima. E que as pessoas consideradas bem-sucedidas são aquelas que se sentem estimuladas pelas novas situações e encaram o desconhecido de uma forma mais lúdica.

Embora o artigo seja direcionado a profissionais e ao mercado de trabalho, ele tem tudo a ver com o aprendizado em geral. A vontade de ser perfeito nos bloqueia. Se você aceitar que não é perfeito e tentar fazer algo novo, mesmo que cometa erros, você vai aprender mais.

Errar é normal, e não devemos ter medo disso. Porém isso não significa que está tudo bem fazermos tudo errado. Queremos fazer as coisas corretamente, e a maneira de aprender é ouvindo as correções. Quando um professor ou um técnico esportivo o corrige, isso não é uma crítica. Ele apenas está dizendo que aquilo não está certo e dizendo qual é a maneira de fazer corretamente. Se o professor de piano corrige a posição dos seus dedos, ele não está humilhando você; ele está mostrando a você como tocar piano corretamente. Se prestarmos atenção a isso, mesmo que cometamos o mesmo erro muitas vezes, uma hora vamos aprender. Saber ouvir o *feedback* é muito útil no aprendizado.

Como diz Adriana Gomes, o desconhecido é uma oportunidade de descobrir coisas novas e deve ser encarado com fascínio e com prazer. Se você pensar assim e se cobrar menos, vai aprender muito mais.

Vença as dificuldades –
o exemplo de Marta Pochini

Eu pratico há vários anos um esporte chamado *Body Combat*. A aula de *Body Combat* mistura ginástica aeróbica com movimentos de luta. Você não bate em ninguém — só no ar — e gasta muita energia.

As aulas são sempre iguais por vários meses. Repetimos sempre os mesmos movimentos e as mesmas coreografias. Depois de algum tempo, muda a sequência da aula com novas coreografias, e tudo se repete por mais alguns meses.

Quando entra um aluno novo, ele demora a aprender os movimentos. Nas primeiras aulas, ele erra mais do que acerta, cansa, não aguenta fazer até o fim — a aula dura uma hora — e acha tudo difícil. Mas com o tempo vai aprendendo e vai conseguindo fazer cada vez melhor. Quando nós começamos uma coreografia nova, já é mais fácil, pois muitos dos movimentos se repetem. Mas mesmo os alunos mais antigos demoram um pouco a pegar a nova sequência.

Um dia a minha amiga Marta Pochini foi fazer uma aula de *Body Combat* e estava apreensiva, pois não costumava fazer essa aula. Estava naquela preocupação de fazer tudo errado. E nós falamos para ela que é assim mesmo, que no começo a gente erra e isso é normal. Ela começou a fazer e, como esperado, achou tudo difícil. Mas ela continuou.

Alguns dias depois, ela veio conversar comigo antes da aula e me disse: *"Hoje é a minha quinta aula, e sabe que eu estou começando a gostar?"* Pois é, à medida que vamos fazendo, vamos acertando mais, vamos nos sentindo mais seguros e vamos sentindo mais prazer também. Se a Marta tivesse desistido na primeira aula, não teria chegado a esse momento de prazer. E ela disse isso depois de ter feito apenas cinco aulas. Imagina como ela se sentiu depois de trinta aulas?

É normal ter dificuldades, principalmente quando vamos fazer algo novo, mas as dificuldades são superadas com trabalho e dedicação. Enquanto o medo nos paralisa, os desafios nos levam para a frente. E aprender significa sempre ir para frente e enfrentar as dificuldades.

Preocupe-se,
mas sem exageros

Preocupar-se um pouco com o seu aprendizado é importante para o seu progresso. Muitas vezes eu tenho a impressão de que aqueles alunos que se preocupam mais são os que mais aprendem.

Vejam o caso de um aluno meu no curso de inglês. Ele é um ótimo aluno. Participa ativamente das aulas, tenta falar o máximo possível — sempre em inglês — e sempre se arrisca a dizer as coisas, mesmo quando não tem certeza. Ele estuda fora da sala de aula, faz sempre a lição de casa, e tenta usar o inglês que está aprendendo. Assiste a filmes, lê livros, ouve músicas, enfim, ele está realmente engajado no processo de aprender inglês. Mas mesmo assim, às vezes ele vem conversar comigo e diz que está preocupado pois não está aprendendo tanto quanto gostaria. Um dia ele teve que faltar a uma aula, e depois veio me dizer que estava preocupado, pois havia perdido uma aula e ia ficar defasado.

Um outro aluno meu é exatamente o contrário. Ele vem para a aula, mas quase não participa. Quando precisa falar, fala em português. Raramente faz as lições de casa e não estuda praticamente nada. Quando chega para mais uma aula, parece não se lembrar de nada do que foi visto na aula anterior. No entanto, esse aluno não parece nem um pouco preocupado com o seu aprendizado. Quando eu o chamo, e digo que precisa se esforçar um pouco mais, ele sempre me diz que não tem tempo, mas que antes da prova final vai fazer todos os exercícios que não fez durante o curso inteiro.

Comparando os dois casos, vemos que aquele que está preocupado está aprendendo muito mais do que o outro. A preocupação faz com que aquele aluno estude mais, se esforce mais. Mais do que isso, ele está sempre avaliando o seu progresso. Ele consegue sentir que está aprendendo. E consegue saber onde estão as suas dificuldades e onde precisa trabalhar mais.

Mas cuidado! A preocupação é boa, mas também não se pode exagerar. Se você se preocupa demais, acaba ficando tão tenso que não consegue aprender. No caso de um aluno bom, perder uma aula não é motivo para se preocupar tanto. Se você costuma estudar por conta própria fora da sala de aula, você consegue estudar o que perdeu e aquela aula não vai fazer tanta falta. Mais do que isso, em qualquer curso, a matéria é recapitulada diversas vezes. Exercícios são repetidos, técnicas já ensinadas são revisadas. Sempre voltamos ao mesmo assunto seguidas vezes. Não se espera que você vá aprender todo um conteúdo em uma única aula.

Se você está estudando, mas não está nem um pouquinho preocupado com isso, preocupe-se! Talvez mudando de atitude consiga aprender muito mais. Aliás, o que eu sempre digo é que a atitude é uma das coisas mais importantes para você aprender qualquer coisa. Você precisa *querer* aprender, e ir atrás disso.

Esforce-se sempre um pouco mais

Numa matéria publicada na revista *Você S/A*, Artur Zanetti — o primeiro ginasta brasileiro a receber uma medalha de ouro na ginástica olímpica — dá o seu ensinamento para o sucesso. Ele diz: *"Sempre faço o que o meu técnico pede e um pouco mais. Se o treino exige que o ginasta fique cinco segundos parado na argola, por exemplo, eu faço seis. Sei que futuramente isso me dará resultado e não me trará lesões."*

Esse esforço a mais pode fazer uma grande diferença no seu sucesso. E o mesmo pode ser aplicado ao seu estudo de qualquer coisa. Procure dar sempre um pouco mais de si. Tente sempre ir um pouco mais longe. Se o seu professor der um exercício de matemática, por exemplo, procure fazer um exercício extra por conta própria. Você vai praticar e aprender um pouquinho mais. Se você leu um texto de português e fez o exercício proposto, tente ler mais uma vez. Será que não vai conseguir entender um pouco mais? Se o seu *personal trainer* mandou vou fazer 50 abdominais, faça 55. Um pouquinho a mais só. Vai fazer muita diferença.

Esse esforço a mais vai representar muito no seu progresso. Um esforço médio leva a um resultado médio. Você quer aprender mais ou menos ou bem? Como diz a matéria da *Você S/A*: *"Só um esforço incomum leva a um resultado acima da média."*

Tudo depende de você. E esse esforço a mais dá excelentes resultados.

Mude sua postura e aprenda mais

Uma matéria que li na *Folha de S.Paulo* dizia que basta uma pessoa adotar uma atitude física expansiva para alterar o próprio perfil hormonal e se tornar mais autoconfiante.

Faça o teste. Coloque as mãos para alto. Estique-se bem. Fique nessa posição por dois minutos. Ou fique em pé, com as pernas esticadas e as mãos na cintura. Estufe o peito. Fique assim também por dois minutos. Segundo a pesquisadora americana Amy Cuddy, professora da Universidade Harvard, fazendo isso você pode ganhar mais confiança e começar a se comportar como uma pessoa mais poderosa. Isso vai fazer com que você consiga se impor mais. Essas poses comunicam poder aos outros, mas tornam você mais poderoso de verdade, mudando os seus níveis hormonais, seu comportamento e até a sua maneira de pensar. Interessante, não?

Eu costumo dizer que você nunca deve dizer que algo não funciona sem tentar antes. Quem sabe isso dê certo para você? Segundo a reportagem, foram feitos testes com voluntários nos Estados Unidos e os resultados foram muito positivos.

Segundo Amy Cuddy, *"Mudando sua postura, você prepara seus sistemas mentais e psicológicos para enfrentar desafios e situações estressantes e pode aumentar sua confiança e melhorar seu desempenho"*.

Isso pode melhorar o seu desempenho no aprendizado de qualquer coisa. Sentindo-se mais confiante e seguro, você consegue aprender muito mais. Sentindo-se mais poderoso, você consegue enfrentar melhor os desafios e dificuldades que aparecem pelo seu caminho.

Experimente fazer isso diariamente. Antes de começar a estudar, faça uma dessas poses. Veja o que acontece depois. Tente fazer isso vários dias seguidos e observe o resultado. Começou a se sentir mais autoconfiante? Seu desempenho melhorou? Você pode se surpreender.

Eu acho que não custa nada tentar! No mínimo é um bom exercício de alongamento, tão importante de se fazer todos os dias. E se ajudar no seu aprendizado, melhor ainda!

Olhe o lado bom das coisas

Se você às vezes fica desanimado com o seu estudo ou com qualquer outra coisa que está fazendo, saiba que você é normal. Isso acontece com todo mundo. Por mais que a gente saiba, sempre há um monte de coisas que a gente (ainda) não sabe. Nessas horas, é sempre bom você dar uma paradinha e olhar para trás. Em vez de pensar no que ainda falta aprender, pense em tudo o que já aprendeu até hoje. Você vai ver que é bastante. E que se você conseguiu chegar até aqui, vai conseguir chegar mais longe. É só seguir em frente.

Sempre há o lado bom de todas as coisas. E nós precisamos pensar positivamente. Isso nos ajuda a prosseguir. Isso me lembra uma música maravilhosa do filme *A Vida de Brian*, do grupo inglês Monty Python, um dos filmes mais engraçados que eu já vi na minha vida. Nesta música, o personagem Brian está sendo crucificado e um dos seus companheiros diz que mesmo nesta hora sempre há um lado bom. E eles cantam que sempre existe um lado bom de tudo — até o lado bom da morte.

Se você não conhece o filme *A Vida de Brian*, assista, pois é maravilhoso. Nessa música, que é a cena final do filme, os personagens cantam presos às cruzes. É hilário!

E lembre-se de que sempre existe um lado bom para tudo o que acontece com você. Por isso, não desanime. Siga adiante! E continue aprendendo cada vez mais.

O que você faz para aprender melhor?

Uma das coisas que me motivaram a tentar ajudar as pessoas a aprender como aprender foi a quantidade de pessoas que me dizem todo dia que precisam aprender inglês. Eu digo sempre que aprender é uma questão de atitude. Não adianta nada você apenas *dizer* que quer aprender. O que importa é o que você *faz* a respeito disso.

A matéria de capa da edição de 29 de agosto de 2012 da revista *Veja* falava sobre a importância de soltar a língua. Todo mundo quer saber inglês e, no entanto, apenas 5% da população brasileira fala inglês. Porém, desses 5%, apenas 37% conseguem conversar em inglês mais ou menos. É muito pouco!

A matéria fala que no Brasil não se aprende inglês na escola. Mas se você pensar bem, há muita coisa que não se aprende na escola. O ensino público no Brasil é tão ruim que também não se aprende português, matemática e outras matérias.

Se as pessoas não aprendem inglês, matemática ou português, de quem é a culpa? Não é só da escola. É dos alunos também que não se esforçam para aprender. Eu costumo dar palestras e cursos de treinamento para grupos extremamente motivados de professores de escolas públicas. Muita gente querendo ensinar, mas enfrentando a resistência dos alunos, que muitas vezes não tentam aprender. E depois colocam a culpa no professor.

Isso não acontece apenas na escola pública. Eu dei aula por um ano num colégio de classe A em São Paulo, onde os alunos também não se esforçavam para aprender. Eles diziam que se quisessem aprender, iriam para um curso de inglês. Até os pais dos alunos reclamavam quando eu dava lição de casa. Como os alunos poderiam aprender sem praticar? As pessoas se focam nos resultados, mas não no que precisam fazer para chegar a eles.

E as pessoas que fazem diversos tipos de cursos e também não aprendem? De quem é a culpa? Uns dizem que já são velhos para aprender. Será que é verdade?

A matéria da *Veja* diz que adultos têm mais dificuldades em aprender do que crianças. É verdade que as crianças têm o cérebro mais plástico e têm mais ferramentas de assimilação, mas muitas vezes não têm a motivação para aprender. E sem motivação, não aprendem.

Adultos podem ter mais dificuldades, é verdade, pois já estão afastados da fase escolar há mais tempo. Mas com esforço e dedicação, conseguem aprender. Eu tenho alunos adultos de todas as idades que aprendem muito bem e se desenvolvem rapidamente. Outros se desenvolvem menos. Há alunos que vêm para a aula sem terem praticado o que estudaram na aula anterior. É claro que esses terão mais dificuldades. É claro que esses se desenvolverão menos. Há outros alunos que praticam em casa tudo o que estudamos na aula, refazem todos os exercícios, e quando chegam na aula seguinte estão com o conteúdo realmente aprendido e prontos para aprenderem coisas novas. Se você está fazendo aulas de dança e não pratica os passos da coreografia em casa, vai chegar na próxima aula sem apresentar nenhum progresso.

Não é somente a idade que determina se você vai aprender bem ou não. O mais importante de tudo é a sua atitude. Se você não está satisfeito com o seu aprendizado, não reclame. Chorar não vai adiantar nada. Arregace as mangas e trabalhe para melhorar!

Fracassar é bom

Num exercício que eu estava dando para uma aluna particular, havia um texto sobre o surf. E ele dizia que para você ser um bom surfista, você precisa saber nadar bem, pois *nas primeiras centenas de vezes que você for tentar surfar, você com certeza vai cair.*

Isso é uma verdade sobre o aprendizado em geral. Não é normal você aprender as coisas de primeira. Acertar logo de cara é a exceção e não a regra.

O que me chamou a atenção nesse texto foi a expressão *"nas primeiras centenas de vezes"*. Para você aprender, você não vai errar 10 ou 20 vezes. Você vai errar centenas de vezes. Isso vale para tudo. Errar é normal, e você erra muito até aprender. Você precisa passar por essa fase de erros até chegar ao acerto.

O que acontece é que muitas pessoas não se dão a chance de acertar. Depois de errar algumas vezes, já desistem. E não aprendem. O que precisa ficar bem claro é que não foi o erro que as fez deixarem de aprender. Foi justamente o fato de não terem se dado a oportunidade de errar muito até acertar.

Mesmo depois de acertar, você precisa ainda continuar tentando, até consolidar aquele acerto. No começo, a gente acerta mais ou menos. E depois de um tempo, começa a acertar mais. Até aprender de vez.

Numa matéria da *Folha de S.Paulo* li uma entrevista com Kathryn Schulz, que escreveu o livro *Por que Erramos?*.

Segundo a autora, *"errar é natural, acertar é raro"*. Eu costumo dizer que para chegarmos ao acerto precisamos passar pelo erro. Se errarmos uma coisa dez vezes antes de acertarmos, teremos tido muito mais erros do que acertos. E isso é normal. Por isso não devemos ter medo nem vergonha de errar.

Nosso problema é achar que errar nos torna inferiores. Nossa cultura associa o erro a *"estupidez, irresponsabilidade, preguiça ou falta de esforço"*, diz Schulz. Nós precisamos perceber os erros e admiti-los. Ser capaz de reconhecer o erro, fará com que você aprenda mais.

Kathryn Schulz ainda diz que *"aprendemos mais com os erros do que com os acertos."* Segundo ela os acertos não nos ensinam. Mas quando estamos errados precisamos recuar e reiniciar. É isso que nos leva a aprender. Sem os erros não aprenderíamos tanto.

Quando você estiver aprendendo alguma coisa lembre-se bem disso. Não há problema em errar. Isso é humano e mostra que você está querendo aprender. E o erro vai ajudar você a aprender mais. Por isso, como a matéria diz, o mais importante é a sua atitude em relação ao erro.

Eu adorei a frase da entrevista em que ela diz que *"a maioria dos erros não é catastrófica, não afeta de maneira grave as relações"*. Portanto, não precisamos sofrer tanto com eles. Precisamos apenas aprender com o erro e seguir em frente. Admitir que erramos e tratarmos isso como uma coisa natural vai nos deixar muito mais tranquilos para aprender.

Uma outra frase que eu li no Facebook e adorei foi: *"Se você quer ter mais sucesso, precisa aumentar o seu número de fracassos"*.

Fracassar é bom! Fracassar significa que estamos tentando fazer algo novo, ou algo diferente. Quando tentamos fazer algo que nunca fizemos, é normal fracassarmos. Fracassamos uma, duas, três... muitas vezes, até que finalmente temos sucesso. Ou seja, é um sucesso contra muitos fracassos. Mas é assim que se aprende.

Quem tem medo de fracassar, não tenta coisas novas e acaba não tendo sucesso. Quando nós acreditarmos nisso, será muito mais fácil aprender.

O seu objetivo é o sucesso, é claro. Mas fracassar é um bom indicador. Significa que você está tentando. Por isso, não tenha medo de fracassar. Não tenha medo de errar. Erre e aprenda com os seus erros. São eles que vão fazer você aprender!

Visualize o que está aprendendo

Há muitas pessoas — como eu — que aprendem melhor quando visualizam as coisas. Essas pessoas têm uma memória visual e gostam de enxergar o que estão aprendendo. Esse tipo de pessoa aprende mais quando a informação é apresentada em forma de gráficos, desenhos ou diagramas.

As pessoas que aprendem visualmente podem melhorar o seu aprendizado usando mais recursos visuais. Será que você é assim?

Muitas vezes nós não aprendemos as coisas porque estamos estudando de uma maneira que não é a melhor para nós. Não existe um único jeito certo de estudar, mas existe o jeito melhor *para você*.

Experimente visualizar o que você está aprendendo. Talvez isso funcione para você e talvez seja melhor do que o que você está fazendo agora. Mas você só vai saber se tentar.

Uma coisa que ajuda é tomar notas do que está sendo ensinado. Numa sala de aula, por exemplo, copie o que o professor diz, e anote as coisas que ele escrever. Ler as suas anotações em casa vai ajudá-lo a aprender melhor. Eu me lembro que nas minhas aulas de história no cursinho eu anotava todas as palavras que o professor dizia. Meus cadernos eram enormes. Quando eu estudava em casa, lia tudo e depois conseguia me lembrar. Se eu tivesse apenas ouvido, teria esquecido grande parte.

Fazer desenhos e gráficos do que você está estudando também ajuda muito. Podem ser esquemas de biologia, em que você desenha as etapas do desenvolvimento de uma planta, podem ser tabelas com eventos que aconteceram na história da Europa, podem ser desenhos ilustrando o vocabulário que você aprendeu numa língua estrangeira. Quanto mais você visualizar, mais vai aprender.

Sublinhar frases no seu livro com canetinhas coloridas, usar marca textos de cores variadas também são outras técnicas que ajudam a visualizar melhor. Você destaca partes importantes da lição com cores diferentes, e isso te ajuda a se lembrar mais.

Uma dica interessante é criar uma imagem mental, como se fosse um filminho que vai passando na sua cabeça. Invente uma história com a matéria que está aprendendo e tente visualizá-la. Pense na história várias vezes e tente enxergá-la. Isso vai ajudar você a se lembrar mais.

Utilize recursos visuais e veja se você consegue melhorar o seu aprendizado. Você pode otimizar muito a sua maneira de estudar.

Tenha tenacidade e determinação – o exemplo de *The Glee Project*

O programa *The Glee Project* foi um reality show onde um grupo de jovens competia para conseguir uma participação em sete episódios do seriado *Glee*. O programa era muito bacana de assistir.

Milhares de pessoas se inscreviam, alguns eram selecionados para participarem das 10 semanas do programa, e um deles era o vencedor. Para ser o vencedor do programa, não era preciso apenas ser um bom cantor ou ator. Era preciso muito mais do que isso. Era preciso dedicação, esforço, habilidade de trabalhar em grupo e muito mais. Para chegar até o final, os participantes precisavam de muita determinação — assim como quem quer aprender algo novo. Passavam por situações difíceis, tinham que ultrapassar os seus limites — assim como você luta para aprender. Nem sempre é fácil, mas somente enfrentando os problemas nós podemos resolvê-los.

A cada semana, existia um tema e dentro daquele tema os participantes gravavam um videoclipe, no qual eles cantavam, dançavam e representavam.

No oitavo episódio da segunda temporada, o tema foi tenacidade. Segundo o dicionário, *tenacidade* é o apego obstinado a uma ideia, ou persistência. Tenacidade também pode ser a resistência de um material à ruptura, portanto indica a capacidade de aguentar um esforço.

Nesse episódio, os participantes tiveram como desafio gravar um videoclipe em que deveriam realizar muitas atividades físicas — correr, pular corda, jogar basquete etc. — sem cortes. O clipe tinha que ser gravado inteiro de uma só vez. Se alguém errasse alguma coisa, deveriam começar tudo desde o início. E para isso, precisaram de muita tenacidade.

Se você tentar assistir a esse episódio — deve conseguir o DVD ou baixar na internet — vai ver as cenas da gravação do vídeo. Eles repetiram a gravação 34 vezes até que o vídeo desse certo e chegassem ao resultado final. O segredo? Tenacidade!

Você tem tenacidade? É capaz de repetir alguma coisa e se esforçar até conseguir? Até onde você vai para conseguir o resultado que quer?

Se você está com dificuldades em aprender, você não é pior do que ninguém. Todos nós enfrentamos dificuldades. O que diferencia as pessoas que aprendem mais é a sua capacidade de continuar, de lutar contra as dificuldades, até atingirem o seu objetivo.

Às vezes o medo de fracassar nos bloqueia tanto que desistimos só para não enfrentarmos a sensação de derrota. Eu já vi tantos alunos que desistiram do curso por achar que não teriam um resultado satisfatório. Ao desistir, eles deixaram de lutar e consequentemente de aprender. Se tivessem insistido, mesmo com dificuldades, iam acabar aprendendo.

Em *The Glee Project*, apesar da tensão, do nervosismo e do medo de não conseguir, os participantes precisavam acreditar em si mesmos para poder seguir em frente. Aprender também é assim. Você precisa acreditar que é capaz. E você será. Nós somos capazes de qualquer coisa se nos dispusermos a tentar.

Por isso tudo, acho que o programa *The Glee Project* é um excelente exemplo de determinação, vontade e garra, e que serve totalmente para o seu aprendizado de qualquer coisa. Quando a gente quer alguma coisa realmente, é só ir fundo e chegamos lá.

Seja tenaz e determinado! E o seu aprendizado vai melhorar muito!

Faça muitas vezes – a história do tricô da Laura

Eu estava passando as férias na casa de praia da minha prima Laura Roizman, e fiquei fascinado com a sua forma de aprendizado.

A Laura resolveu aprender a fazer tricô, e pediu para a mãe dela, a querida *Zia* Alba, ensiná-la. Foram comprar agulhas e lã e sentaram-se na sala para a primeira lição. Estávamos todos em volta presenciando essa aula, e foi muito interessante de assistir. Sem nenhuma experiência com tricô, a Laura nem sabia por onde começar. A sua mãe disse a ela que iria fazer o primeiro ponto e depois deixaria a Laura continuar, já que o primeiro ponto é o mais difícil. A Laura se recusou e disse que queria fazer o primeiro ponto sozinha. Sua insistência fez com que ela demorasse muito mais, pois teve que tentar muito até conseguir. Levou algumas horas para que ela conseguisse dar aquele pontinho inicial, mas finamente ela conseguiu.

A Laura resolveu fazer um cachecol, que é a coisa mais simples que se pode fazer com o tricô. É bom começar com algo mais simples para adquirir prática. Depois de fazer o primeiro ponto, começou a fazer a primeira fileira. Também foi difícil conseguir. Muitas e muitas vezes ela fez, desmanchou e fez novamente. Às vezes pedia para a mãe dela fazer bem devagar, ficava olhando cuidadosamente, desmanchava e tentava por conta própria.

Quando conseguiu terminar a primeira fileira, foi a

maior comemoração. Ela ficou realmente feliz por conseguir. Todo esforço valeu a pena.

O que se seguiu nos dias seguintes foi muito interessante. Ela fazia três fileiras, desmanchava tudo e começava tudo novamente. Para mim já estava ótimo. As três fileiras estavam bonitas e uma do mesmo tamanho da outra. Perfeitas. Mas a Laura desmanchava tudo e começava outra vez. Demorou bastante para que víssemos aquele cachecol crescer. Mas depois de um longo tempo, ele ficou bem grande — e lindo!

O processo de aprendizado é o mesmo, quer estejamos aprendendo a fazer tricô, a cozinhar, ou a falar uma língua. Precisamos da repetição. É ela que vai nos dar segurança em fazer as coisas.

Quantas repetições de um mesmo exercício você faz até aprender inglês? Nas minhas aulas eu vejo as caras dos meus alunos quando peço para fazerem um exercício novamente. Eles me olham com aquela cara de *"Para quê, se eu já acertei?"*.

O objetivo de fazer um exercício não é acertar, mas ser capaz de fazê-lo sozinho. Ter acertado uma vez não significa que você já sabe fazer direito. É preciso repetir, repetir, repetir e repetir, até você consolidar o que aprendeu — como o tricô da Laura.

Se você está numa aula e faz um exercício corretamente, isso não quer dizer que você já seja capaz de fazer aquilo. Você precisa praticar mais. Você pode fazer isso na própria aula e depois dela na sua casa. Repita e repita muito.

Quando você aprende um passo de dança novo, é normal que faça devagar no início. Você vai contando na cabeça. Se não praticar bastante, não vai conseguir dançar num ritmo considerado normal. Isso é um trabalho que você precisa fazer por conta própria. Repetir, repetir e repetir.

Parece cansativo? E é mesmo, um pouco. Mas a cada vez que você pratica e consegue fazer um pouquinho melhor, além do cansaço vem uma sensação gostosa de estar conseguindo e de estar aprendendo. E isso compensa qualquer cansaço.

Por isso lembre-se de que a repetição é muito importante. Se a Laura não tivesse repetido tantas vezes as suas primeiras três fileiras, ela teria terminado o cachecol, mas teria ficado mais ou menos bom. Do jeito que ela fez, o cachecol ficou lindo.

E você, quer ter um resultado mais ou menos, bom, ou ótimo? Depende de você!

Você precisa errar para aprender – as lições de George Clooney e Lilian Roizman

Eu costumo dizer aos meus alunos que errar é muito bom. Eu falo da importância de errar para aprender, pois muita gente ainda considera o erro como uma coisa negativa.

Um dia desses caiu nas minhas mãos um exemplar antigo de uma revista onde havia uma matéria muito interessante sobre o George Clooney, em que ele falava da sua vida e da sua carreira. Quando fala sobre o filme *Batman & Robin*, George diz que o filme foi ruim, e que ele se deu muito mal com ele. Recebeu muitas críticas — algumas consideradas injustas por ele. No entanto, diz ele, isso foi muito bom para a sua carreira, pois ele aprendeu muitas lições importantes sobre como fazer um filme e de como escolher um papel. George Clooney diz: *"Precisei de Batman & Robin para chegar onde estou."* E ele conclui com esta frase: *"Se o fracasso é inevitável, aprendo com ele."*

Passando as férias com a minha família na praia, nossa amiga Júlia resolveu aprender a patinar, usando os patins da minha filha Bruna. Fomos para uma praça no centro da cidade, onde ela colocou os patins, e fomos andando por cerca de 150 metros apoiando os seus braços, eu de um lado e a Bruna do outro, para que ela conseguisse se equilibrar. Não se sentindo segura sobre os patins, a Júlia sentou-se num banco, tirou os patins e considerou a primeira lição encerrada.

Algumas horas depois, contando essa história para a nossa prima Lilian Roizman e dizendo que nós ficamos segurando a Júlia para ela não cair, ela se vira para nós e diz: *"Mas se ela não cair, nunca vai aprender a andar de patins. Ela precisa cair para aprender."*

Quando eu disse para a Lilian que ia escrever a frase dela no meu livro, ela me olhou meio incrédula e disse: *"Mas o que eu disse não tem nada de filosófico."* Para ela é simplesmente óbvio que a gente só aprende errando. O erro é fundamental para aprendermos.

Você precisa errar para aprender. O erro é uma parte importante do aprendizado! O seu erro, e as correções que você vai ouvir e as confusões que você vai fazer, é que vão fazer você aprender corretamente. Isso também não é nada filosófico. É apenas o óbvio. Mas nós não pensamos assim. E por isso temos dificuldade de aprender.

Queremos sempre nos sentir seguros, mas é a insegurança que nos faz aprender mais. É ela que nos move para a frente.

Não tenha medo de errar ao aprender. E nem tenha vergonha de ter errado. Com o tempo você vai aprender. É só insistir! A Júlia pode comprovar, mostrando como aprendeu a andar de patins.

Seja um talento

Muita gente me diz que não aprende inglês porque não tem *"talento para línguas"*. Eu já disse que isso não existe, e que com dedicação e bastante prática todo mundo consegue aprender.

Coincidentemente, li um artigo muito interessante na revista *Você S/A* falando sobre o talento. Na matéria de Eugênio Mussak, o autor diz que hoje em dia as empresas estão direcionadas a atrair e reter talentos. E logo em seguida explica o que é talento. Segundo ele, talento é *"todo aquele que, mesmo entregando um bom resultado com seu trabalho, não se sente satisfeito, e conserva ativa a vontade de aprender e se desenvolver"*. Ele ainda diz que um talento não é uma pessoa especial, mas *"alguém que se sobressai pelo 'brilho nos olhos', pela busca incessante do aprendizado e aprimoramento. Não importam a área de atuação, a graduação ou a experiência. Demonstrar curiosidade e inquietação é a marca de um talento"*.

Ou seja, talento não é algo que nasce pronto. Você não precisa ter o dom de falar inglês para aprender inglês. E não precisa ter o dom da pintura para pintar. É verdade que algumas pessoas têm mais facilidade para aprender, mas isso acontece com qualquer coisa que você queira aprender. Mas não é a facilidade que determina o sucesso do seu aprendizado. O que importa mesmo é aquela vontade de aprender, a busca por descobrir coisas novas e de sempre procurar saber mais.

Eu adorei a parte em que ele fala do *"brilho nos olhos"*,

porque é assim mesmo. Como professor eu vejo claramente os olhos de certos alunos brilharem ao descobrirem uma coisa nova e ao aprenderem coisas novas. E é isso que falta para aqueles que não estão conseguindo aprender com sucesso.

Mesmo que você já tenha estudado alguma coisa, sempre há algo a mais para aprender. Uma revisão nunca é apenas uma repetição do que você já sabe. Sempre é possível aprender coisas novas, mesmo quando estamos revisando algo que aparentemente já sabemos.

Seja um talento. Quando você estiver aprendendo alguma coisa, nunca pare por ali. Sempre procure ir além. Procure saber mais e descobrir mais. Ponha a sua curiosidade para funcionar. Procure sempre se aprimorar.

Faça os seus olhos brilharem a cada nova descoberta e a cada novo conhecimento. Assim você vai aprender de verdade!

Ensinar ajuda a aprender

Uma excelente maneira de aprender qualquer coisa é ensinar. Dar aulas ajuda a aprender também. Quando você vai dar uma aula, você precisa preparar a sua aula, e isso faz com que você estude de uma maneira diferente. Além disso, quando o aluno tem alguma dúvida que você não consegue esclarecer, você tem que procurar um jeito diferente de explicar, e isso ajuda você mesmo a olhar o assunto por outro ângulo. Eu aprendi e aprendo muito com os meus alunos.

Essa dica eu aprendi com o meu filho Pedro, que aprendeu com a sua professora, Rose. Pode parecer maluca a princípio, mas experimente e você verá que pode ter ótimos resultados. Dê uma aula do que você está estudando para os seus bonecos. Se você não tem nenhum boneco, pegue emprestado os bonecos dos seus filhos, ou dos seus sobrinhos. Ou desenhe rostos em folhas de papel e cole numa parede como se fossem os seus alunos. Feche a porta e as janelas, para que as outras pessoas não pensem que você enlouqueceu de vez. Dê a sua aula como se eles fossem alunos, explicando, dando exemplos,etc.

Quando eu comecei a dar aulas, eu dava muitas aulas para alunos imaginários, para ir treinando. E até hoje, às vezes, quando estou dirigindo para a escola, dou uma parte da aula em voz alta. Mas mesmo que você não queira ser professor pode usar essa técnica para estudar.

Esse é um exercício legal para você estudar para uma prova, por exemplo. Você estuda, e depois dá a sua aula para os seus alunos imaginários. Isso vai ajudar você a revisar o que estudou e fixar mais o conteúdo. E se você tiver alguma dúvida ou se esquecer de alguma coisa, volte e estude mais um pouco.

Às vezes uma ideia que parece maluca pode funcionar maravilhosamente bem. Como eu sempre digo, experimente algumas vezes antes de se decidir se gostou ou não.

Ou se quiser, reúna pessoas de verdade e dê uma aula real. Isso vai ser muito bom também, pois você vai aprender mais e vai ajudar outras pessoas a aprenderem.

Aprenda com seus erros – o exemplo da Tatiani Loro

No final do ano sempre acontece a mesma coisa. Nos colégios regulares acontecem as provas de final de bimestre e saem as notas finais. Nas escolas de línguas ou outros cursos chamados *livres*, terminam os semestres e os alunos são aprovados ou não para o próximo nível. E todo mundo só quer saber de uma coisa: *"Quanto eu tirei?"* Na última aula, os alunos querem pegar as suas notas e ir embora. E querem saber se passaram e ponto final.

Infelizmente isso é uma característica muito triste do nosso sistema educacional. As pessoas se esquecem do que vão fazer na escola. Lembre-se de que você vai para a escola para aprender. Mais do que saber a sua nota, você precisa ter a noção do que aprendeu e do que não aprendeu. Por isso, o mais importante não é você pegar a nota. Você precisa olhar a sua prova ou o seu teste com cuidado e prestar atenção aos seus erros. Precisa entender onde errou e por que errou. E a partir dali, tentar aprender o que ainda não aprendeu.

Na minha última aula do semestre eu mostro as provas aos alunos e leio com eles item por item. E a cada item que lemos, peço que eles me expliquem em voz alta o que erraram. Depois que eles explicam o que erraram, eu pergunto se entenderam por que erraram e se agora sabem qual é a resposta correta. Esse processo é importante porque os nossos erros nos ensinam muito. Mesmo tendo errado e corrigido, pode ser até que erremos novamente a mesma coisa. Mas esse processo nos levará um dia a aprender.

Eu não me importo se um aluno passou com nota 80, 90 ou 100. A nota é apenas um número e não reflete necessariamente tudo o que o aluno sabe. Muitos alunos excelentes tiram uma nota um pouco mais baixa, pois arriscam escrever coisas diferentes e acabam escrevendo alguma coisa errada. Outros alunos que não sabem tanto escrevem as frases mais simples possíveis, acertam tudo, tiram uma nota mais alta, mas têm um domínio menor sobre a língua, dando um exemplo no caso do inglês.

No dia em que você precisar usar o que aprendeu, não vai importar a nota que tirou na prova. Não vai importar se você precisou refazer um curso, pois não tinha aprendido suficiente. Vai importar o que você consegue fazer com o que aprendeu.

Olhar os seus erros como uma oportunidade para aprender é algo que precisamos aprender a fazer. Isso nos ajuda a aprender mais. Não é para você olhar o seu erro e dizer: *"Ai, como eu sou burro!"* Não existem erros ruins ou bons. O erro apenas mostra algo que você ainda não sabe fazer. Mesmo que seja alguma coisa muito básica e que outras pessoas da sua turma já saibam, não é vergonha nenhuma não saber. Corrigindo os seus erros e entendendo o que fez você errar, você vai aprender também.

O teste — assim como qualquer exercício que você faz — é sempre uma maneira de você se autoavaliar e de saber o que você já está conseguindo produzir ou não. E de corrigir o seu rumo para aprender mais e melhor. Se você não pensa sobre o que errou, vai continuar fazendo os mesmos erros e vai continuar não entendendo por que está errando.

A respeito disso, uma aluna minha, a Tatiani Loro, escreveu este depoimento muito bacana:

"Estou fazendo um curso online na Universidade de Princeton. Estou adorando o curso e orgulhosa de mim por conseguir acompanhar sem dificuldades, enquanto vejo alunos procurando os papers em espanhol para conseguir

entender. Finalmente pude ver o resultado do curso de inglês. Não que não tivesse visto antes, mas nestas horas pensamos: 'Puxa, eu aprendi mesmo, apesar da sensação contrária'.

O curso é Introdução à Sociologia (item importante na minha profissão). Mas a questão principal é que meu exame é no final da semana que vem. Estava pensando sobre ele ontem. É importante que eu faça, porque preciso ver se estou absorvendo o conteúdo, se algo que eu penso que entendi não é como estou pensando, se estou conseguindo acompanhar, etc. A nota me preocupa, claro. Mas acho que não deveria me preocupar tanto com o número e sim com o conteúdo e a aprendizagem. Às vezes você dá a resposta mais simples e tira a maior nota ou simplesmente decora algo mas não necessariamente isto reflete que você aprendeu. Fazer respostas em questões sociológicas não é fácil nem em português, que dirá em inglês, mas espero me sair bem. Vou tentar não ficar tão preocupada e me focar mais no resultado em termos de aprendizado e absorção do curso do que no número que isto vai resultar."

Achei que o depoimento da Tatiani iria inspirar muita gente. Temos que mudar essa cultura de é só a nota que vale e focarmos mais no nosso objetivo, que é aprender. E isso é uma coisa que deve partir da gente, e depois ser transmitido para as próximas gerações.

Não tenha vergonha dos seus erros. Aprenda com eles. Aprenda a gastar um tempo pensando sobre os seus erros. Isso vai fazer você aprender sempre mais.

Aprender é uma questão de fibra – os exemplos de Bethany Hamilton e Natalie du Toit

Aprender é um processo parecido, independentemente do que você esteja tentando aprender. O que você faz para ter sucesso pode ser aplicado a outras áreas da sua vida, e vice-versa. Por isso sempre é bom pensar nas coisas que você consegue ou já conseguiu fazer bem, e tentar aplicar os mesmos princípios ao seu aprendizado em geral.

Numa matéria da revista *Você S/A*, Amanda Kamnchek escreveu que *"resiliência é a capacidade de resistir às adversidades e reagir diante de uma nova situação. Um profissional pode precisar dela tanto para encarar a pressão e a competição do mercado quanto para atravessar momentos difíceis, como crises econômicas e acidentes."*

Embora a reportagem seja sobre o mercado de trabalho, podemos pensar nisso também para o estudo de qualquer matéria. Para aprender você precisa de resiliência. O estudo também tem seus altos e baixos, momentos difíceis e crises. Há horas em que a gente se enche e quer jogar tudo para o alto. Mas se desistirmos, nunca vamos aprender. Aí é que entra a resiliência. Temos que resistir às dificuldades e enfrentar os problemas.

Muitas vezes, ao tentarmos aprender, nos deixamos

abater pelas dificuldades. Às vezes um obstáculo como uma nota baixa numa prova, ou uma dificuldade para entender algo novo faz a gente desistir de tudo. Conheço gente que fica mudando de escola de inglês, porque acha que aquela escola não serve para ela. E estuda em várias escolas, e tudo acontece novamente. Basta aparecerem obstáculos e a pessoa já desiste.

A boa notícia que a matéria nos dá é que resiliência é uma competência que pode ser aprendida. Você pode desenvolvê-la em qualquer estado da sua vida. E há vários fatores importantes para desenvolver a sua resiliência, como autoeficácia, solução de problemas, tenacidade, otimismo e outros.

Para aprender algo, você precisa de determinação e vontade. Precisa vencer os obstáculos que aparecem, por mais difíceis que pareçam. E mesmo que demore um tempo, você consegue chegar lá. Depende do seu esforço.

Num livro que eu uso para dar aulas de inglês havia um texto sobre duas atletas que venceram problemas e se superaram. Uma delas, Bethany Hamilton, surfista desde criança, teve um braço arrancado por um tubarão. Apenas três semanas depois do acidente, ela já estava surfando novamente, com muita garra e vontade. A outra, Natalie du Toit, nadadora com chances de ir às Olimpíadas, teve uma parte da perna amputada devido a um acidente. Alguns meses depois voltou a nadar, lutando contra todas as dificuldades.

Fui pesquisar no Youtube e achei alguns vídeos com essas duas mulheres e mostrei para a minha aluna. Acabamos tendo uma discussão sobre os obstáculos que temos que superar na vida. Os exemplos de Bethany e Natalie servem para qualquer pessoa que enfrenta situações difíceis. Se você procurar, consegue assistir a esses vídeos no Youtube.

Eu recebo muitas mensagens de pessoas que dizem que estão aprendendo isso ou aquilo e que é muito difícil, que nunca vão aprender, que querem desistir. Você já deve ter ouvido isso também. Mas se você quer mesmo aprender, por mais difícil que seja, vai aprender.

E você? Como anda a sua resiliência? Você consegue persistir e aguentar as dificuldades? Tem crença na sua capacidade de aprender? Gosta de desafios, pois eles fazem com que aprenda mais? Como você pode fazer para mudar?

Pense nisso e lembre-se de que aprender depende fundamentalmente da sua atitude. E essa atitude pode mudar. Basta você querer e se esforçar para isso. Que os exemplos dessas duas moças inspirem você a mudar de atitude.

Invente músicas
e aprenda mais

Quando a minha filha Bruna estava no oitavo ano do ensino fundamental, foi com o colégio visitar as cidades históricas de Minas Gerais. Na volta, fizeram vários trabalhos sobre o assunto.

Em um dos trabalhos ela tinha que inventar uma música sobre a Inconfidência Mineira. Ela e as amigas passaram dias inventando a música, usando a melodia de uma música que era popular na época ("Man! I Feel Like a Woman", de Shania Twain), e criando uma letra nova. Vieram na nossa casa ensaiar, se divertiram e deram muita risada.

O colégio fez uma apresentação no final do ano, e assistimos a vários grupos se apresentarem cantando as suas músicas. Havia músicas de vários estilos, todas sobre a Inconfidência Mineira. Alguns grupos tocaram instrumentos, outros fizeram coreografias e foi muito bacana de assistir. Eu mesmo saí da apresentação cantarolando trechos de algumas músicas.

A música tem um efeito poderoso na gente. Nós conseguimos nos lembrar das letras de músicas por muito tempo. Às vezes uma música que ouvíamos quando éramos crianças fica na nossa cabeça para sempre. Por que não nos aproveitarmos disso para aprender?

Uma ideia que ajuda muito a aprender é inventar músicas com as matérias que você está aprendendo. Você pode fazer como a minha filha. Use uma melodia qualquer, faça uma letra com a matéria que está estudando e cante. Você vai ver que isso vai ajudar você a aprender muito mais.

Não precisa ser uma melodia complicada. Algo simples como uma canção de ninar, ou uma cantiga de roda infantil. Pode ser uma melodia de rock ou a sua música favorita de algum cantor qualquer. Crie sua letra e cante. Divirta-se também com isso.

Você pode fazer uma música sobre um fato histórico, sobre uma fórmula matemática, sobre conjugação verbal, sobre os passos para se montar um sanduíche. Você se lembra da música do McDonald's sobre o Big Mac? Embora eu não goste do Big Mac, não consigo esquecer dessa música.

Aliás, os comerciais de TV fazem justamente isso. Criam musiquinhas que a gente não consegue esquecer. Nós ficamos cantando sobre os produtos que eles querem que a gente compre.

Crie as suas músicas e aprenda mais. Como eu já disse antes, nunca diga que uma ideia não é boa sem tentar. Você pode descobrir maneiras incríveis de aprender ao tentar uma coisa nova.

O fracasso não é uma coisa negativa

Numa matéria intitulada "Sim, você tem experiência", publicada na revista *Você S/A*, há uma referência ao erro, dizendo que o fracasso tem um componente negativo muito forte na nossa cultura. No entanto, uma das maneiras mais importantes de consolidar o conhecimento é aprender com os erros. Segundo a professora Amy Edmondson, da Harvard Business School, *"a maioria das pessoas não sabe como lidar com o fracasso. Elas ficam frustradas, perdem tempo pensando no que significa o fracasso, e não no que podem aprender com a experiência."* A matéria da revista diz que uma parte do problema é que as pessoas estão mais preocupadas com o que irão dizer a respeito delas. E aí a pessoa tenta esconder o erro em vez de aprender com ele. Como a pessoa evita entender o erro, acaba cometendo o mesmo erro novamente. Ainda de acordo com a professora de Harvard, *"você não pode criar nada novo sem antes tentar. Além disso, é preciso aceitar que muitas dessas tentativas irão fracassar."* Ou seja, fracassar é absolutamente normal e não há nada de ruim nisso.

Uma das minhas partes favoritas dessa matéria é o que diz a professora Carol Dweck, Ph.D. em psicologia da Universidade Stanford: *"O erro contém a pista para a melhor maneira de agir da próxima vez."* Ela ainda diz que o importante é não transformar o erro numa tragédia. *"Ele é apenas um lembrete de que você é um ser inacabado."*

É isso mesmo. Somos todos seres inacabados. Você nunca vai parar de errar. Por mais que você saiba algo, sempre haverá coisas novas para aprender, e aprender é sempre um processo de tentativa e erro. E mesmo quando você já aprendeu, às vezes comete erros. A gente esquece, se atrapalha, se confunde e isso é muito normal.

Para aprendermos mais e com mais eficiência, precisamos mudar a nossa atitude em relação ao erro. Fracassar é uma coisa boa, pois é um sinal de que você está tentando. O que você precisa fazer é admitir os seus erros e aprender estratégias para superar os problemas. Tem que admitir o fracasso e encará-lo como um momento de superação e também de aprendizagem.

Quando estiver estudando — qualquer coisa — não tenha medo de errar. Se errar — ou fracassar — lembre-se de que está um pouco mais perto do acerto. Reflita sobre o seu erro. Pense em como chegou lá e quais serão os caminhos para acertar. Isso é importantíssimo para você aprender mais e melhor.

Tome as rédeas do seu aprendizado

Num artigo publicado pela psicóloga Rosely Sayão na *Folha de S.Paulo*, a autora comenta, um tanto indignada, que com a correria do mundo moderno, hoje as pessoas contratam profissionais para fazer tudo por elas. No caso, ela fala de um serviço que faz tudo para casais grávidos, desde organizar tudo na casa, tirar fotos e até atender os desejos da mulher grávida no meio da madrugada. Com tantos serviços terceirizados, o casal nem curte a gravidez. Não é divertido tirar as fotos da barriga da mulher crescendo e ir mostrando aos amigos? Não faz parte da vida de marido sair de casa para atender o desejo da sua amada? Qual a graça de deixar outros fazerem tudo para você? Como pergunta Rosely no final do seu artigo: *"Por que mesmo as pessoas querem ter filhos?"*.

Essa é uma tendência do mundo moderno, infelizmente. Nós estamos deixando de fazer muitas coisas, e por isso mesmo nos tornando cada vez mais incapazes de fazê-las.

As pessoas que são muito ocupadas e que fazem muitas coisas diferentes no mesmo dia sempre conseguem fazer mais se for preciso. Outras que fazem tão pouco não conseguem tempo para mais nada. Isso é bem sintomático. Quanto mais a gente faz, mais conseguimos fazer. E vice-versa.

Vamos falar sobre aprender agora. Para você aprender, você precisa agir. Não adianta alguém agir para você. Não dá para alguém aprender por você. Aprender é um processo solitário. Mesmo que você estude com alguém e pratique com alguém, é você quem vai aprender a sua parte. Quando a "ficha cai", ela cai dentro da sua cabeça.

Numa sala de aula, às vezes um aluno não consegue fazer um determinado exercício e copia a resposta de outro. Ele terceirizou a sua resposta, mas não aprendeu. Quando ele precisar usar aquilo, não vai saber. Eu tinha um aluno, executivo de uma multinacional, que pedia para a secretária escrever as suas redações. As redações eram ótimas, mas eu não vou ao trabalho para ler redações ótimas — para isso eu leio livros na minha casa. Eu vou trabalhar para ler redações que ainda não estão muito boas e ajudar os alunos a melhorá-las. Isso fará com que eles aprendam a escrever. Esse meu aluno nunca vai escrever um e-mail ou relatório profissional. Sempre vai precisar que a secretária escreva por ele. É uma pena, pois se ele aprendesse, seria muito melhor para ele. Será que quando ele viajar para o exterior vai levar a secretária junto para servir de intérprete? Não seria melhor ele falar sozinho?

Eu já contei que dei aula num colégio particular de alto nível. Nesse colégio, eu via babás e motoristas descerem dos carros e carregarem as mochilas dos alunos até a porta da sala de aula. No entanto, eram crianças de 10 anos de idade, totalmente capazes de levarem o seu próprio material! Muitas dessas crianças quando iam para a aula de inglês — que era numa sala separada — esqueciam de levar o livro. É claro, elas estavam acostumadas a ter alguém que fizesse tudo por elas.

Eu conheço adultos que vão ao cinema e assistem a filmes dublados só para não ter o trabalho de ler. Dizem que é difícil ler, que é muito rápido... É claro que é! Se você não lê, vai perdendo a sua habilidade de ler. E vai ler cada vez pior.

É importante tomarmos as rédeas da nossa vida! Temos que fazer as coisas por nós mesmos. Dá mais trabalho, cansa mais, mas o resultado e o prazer são sempre melhores. E é isso que vale a pena.

A prática vale mais do que o estudo

A ótima matéria "Sim, você tem experiência", que saiu na revista *Você S/A*, tem muita coisa para a gente pensar sobre o aprendizado.

Dependendo do que você está aprendendo, muda o objetivo do aprendizado, mas as estratégias que se usam para aprender são muito parecidas.

Essa matéria diz que *"a prática é a mais rica forma de desenvolvimento pessoal"*. Segundo um estudo feito pelo governo britânico, entre 70 e 90% do que se aprende vem da prática. Isso não significa que não se deva estudar. Sim, precisamos estudar e bastante. Mas para aprendermos de verdade, precisamos colocar o que estudamos em prática.

Você já percebeu quantas pessoas fazem cursos de coisas variadas? Dessas, muitas chegam ao final do curso e ganham o tão sonhado diploma. E quantas dessas pessoas você acha que realmente aprendem? É uma quantidade pequena! Isso não quer dizer que as escolas não sejam boas. Há escolas excelentes por aí. Mas a escola não ensina tudo. Para você aprender mesmo, vai ter que praticar. E isso vai depender mais de você do que da escola.

Eu me formei em engenharia civil na USP alguns anos antes de virar professor de inglês. Estudei muito para entrar na faculdade e estudei mais ainda para sair. Eu consegui sair no número certo de anos e tenho o meu diploma guardadinho — nunca o usei para nada. A engenharia civil tem várias áreas e não dá para você se especializar em todas. Enquanto eu estava na faculdade, fiz estágio no IPT durante quatro anos e aprendi muita coisa na área em que eu estava trabalhando, que era a de planejamento urbano. A área de construção civil, por exemplo, eu estudei nas aulas, mas nunca pratiquei. Nunca entrei numa obra, a não ser nas visitas que fizemos com a faculdade — entre elas a construção do aeroporto de Guarulhos, em São Paulo! Quando eu me formei sabia muito sobre planejamento urbano, mas quase nada sobre a construção de uma casa. E olha que eu passei em todas as matérias! Para você ver que só estudar não faz você aprender. É a prática que faz isso.

Atenção mais uma vez! Eu não estudou dizendo que você não deva estudar! Estudar é a base de tudo. E é importante. Tanto que aquelas pessoas que aprendem línguas só viajando ou falando nas ruas acabam falando, mas com muitas deficiências. O que eu estou dizendo é que a prática vai fazer você colocar em uso o que você estudou. É isso que vai fazer você deslanchar no seu aprendizado.

No meu caso, como professor de inglês, muitas vezes eu falo com um aluno em inglês fora da sala de aula e ele me diz para falar em português porque a aula não começou. Estaria aí uma ótima oportunidade para ele praticar o inglês, conversando comigo! Quando eu chego na sala de aula, os alunos estão ali sentados, conversando em português. Eu pergunto por que não conversam em inglês, para irem praticando. Uma grande parte ri da minha ideia *"absurda"*. Afinal, a aula ainda não começou. Mas é uma oportunidade desperdiçada de treinar o inglês. Já que os seus colegas de turma têm o nível de inglês parecido com o seu, por que não aproveitar?

Praticar não é estudar. É usar o que você está aprendendo. Como diz a matéria da *Você S/A*, *"essas situações cotidianas são fundamentais para o aperfeiçoamento"*.

Diferentes maneiras de aprender – o exemplo de Jim Parsons e Mayim Bialik

Muitas vezes nós não conseguimos aprender alguma coisa e não nos damos conta de que estamos estudando da maneira errada. E qual é a maneira certa? A maneira certa não existe.

Calma! Não se desespere! O que eu quero dizer é que não existe *uma* maneira certa. Cada pessoa é diferente e cada um tem a sua maneira de aprender. Muitas vezes nós falhamos ao tentar estudar da mesma maneira que o outro, pois aquilo não funciona para a gente.

Quando eu estava no segundo ano da faculdade de engenharia, fiz uma prova de Cálculo em que a maioria dos colegas foi muito mal e eu fui muito bem. Na véspera da segunda prova, a minha casa encheu de gente que queria estudar comigo. Até os colegas que sempre tiravam as melhores notas apareceram por lá — nem eu acreditei. Acontece que aquele tópico específico da matéria eu consegui estudar de uma maneira que foi ótima para mim. Eu percebi que aquele determinado tipo de equações seguia uma lógica muito parecida com os programas de computador que eu estudava. Segui a mesma lógica e resolvia todas as equações facilmente.

É importante experimentarmos várias maneiras diferentes de estudar. Nós nos sentimos confortáveis fazendo sempre as mesmas coisas, mas se não tentarmos nunca saberemos.

Num vídeo disponível no Youtube, eu vi uma entrevista de Jim Parsons e Mayim Bialik, os engraçadíssimos Sheldon e Amy do hilário seriado *The Big Bang Theory*. Nessa entrevista eles falam dos seus processos para decorar as falas do texto. Jim Parsons, que tem falas dificílimas, diz que anota as falas em cartões e as decora andando pelo cenário do programa, como se fosse um bailarino dançando pelo palco. Como muitas vezes não entende o que está dizendo, pois as falas são muito difíceis, ele associa as palavras aos movimentos e as coloca na sua *memória muscular*. Mayim Bialik diz que tem uma memória fotográfica e que decora a página como um todo, como se fosse uma foto. Por isso, às vezes ela se perde se os roteiristas resolvem alterar o texto de uma cena. Cada um tem uma técnica e ela funciona para cada um deles.

Um dos segredos do aprendizado é descobrimos a *nossa* maneira de aprender! Se você descobrir o seu jeito, vai aprender mais e melhor.

Não crie desculpas para você mesmo

O aprendizado requer dedicação e disciplina. Se você quer aprender de verdade, precisa se esforçar. Não adianta ficar arrumando desculpas para você mesmo. É claro que você tem um monte de outras coisas para fazer na vida, mas aprender também é uma delas. Você precisa de um horário para estudar, e naquele horário você deve se esquecer do resto. Você resolveu aprender a consertar relógios? Dedique-se!

Eu tenho um colega de ginástica que chega na aula todos os dias com a sua garrafinha de água... vazia. Ele deixa a garrafa, a sua mochila de ginástica e o seu celular num canto da sala. Assim que a aula começa, ele faz um pouquinho de ginástica, para e "de repente" se lembra de que precisa encher a sua garrafinha. Vai até o bebedouro, enche a garrafa, e depois de alguns minutos volta para a aula. Faz mais um pouquinho de ginástica, e "de repente" se lembra de que deixou a sua toalhinha dentro da mochila. Vai até a mochila, abre, procura, procura, procura, até que acha a toalhinha. Pega a toalha e coloca perto da sua garrafa. Volta e faz mais um pouquinho de ginástica. Aí se lembra de verificar se tem alguma mensagem no celular. Para a ginástica, vai até o celular, checa se tem mensagens e volta. Nisso já perdeu boa parte da aula. Não chegou nem a suar, pois parou muitas vezes. E isso se repete invariavelmente todas as aulas.

Quem ele pensa que está enganando? Ele está enganando a si mesmo. É claro que a gente precisa da garrafinha de água e da toalha para secar o suor durante a aula, mas por que ele não separa tudo antes da aula, como a maioria faz? Não pode encher a garrafinha antes de a aula começar? É que ele está criando desculpas para sair da aula. Tudo bem, cada um faz o que quer, mas depois não pode reclamar que está fora de forma ou que está com pouca resistência. Tudo depende da dedicação.

Eu tenho uma aluna que quase sempre "esquece" de trazer a lição de casa. Um dia ela diz que o livro ficou no carro da mãe. No outro dia, diz que emprestou o livro para uma amiga e a amiga se esqueceu de devolver. No outro dia, ela foi dormir na casa da avó e deixou o livro lá. Ela sempre tem uma ótima desculpa. No entanto, quando fizemos a última prova, ela tirou uma nota baixa. Claro, ela não havia praticado o suficiente! A lição de casa ajuda você a praticar o que está aprendendo e ajuda a fixar o seu conhecimento. Mais do que isso, você aprende com os seus erros. Se você não teve a chance de treinar, errar e pensar sobre os seus erros, não vai aprender. É claro que você tem ótimas desculpas para tudo o que deixou de fazer. Porém, é você quem sofre as consequências depois.

E você? É daqueles que cria desculpas? Pense um pouco sobre a sua atitude e veja no que ela pode ajudar em seu aprendizado. Você é responsável por si mesmo. Assuma isso e aprenda muito mais!

Atitude em relação ao aprendizado – alguns exemplos

Como eu já escrevi antes, na escola onde trabalho frequentemente damos testes de classificação para alunos novos, para que o aluno seja matriculado no curso correto, onde poderá melhorar o seu inglês tomando como ponto de partida o que ele já sabe.

Um dia, chegou uma candidata que me disse: *"Eu não consigo falar inglês. Já estudei, mas não aprendi direito e tenho dificuldades para falar."* Depois de fazer o teste, verifiquei que ela tinha alguns conhecimentos básicos, mas não conseguia, por exemplo, fazer perguntas em inglês e confundia os tempos verbais básicos na hora de falar. E realmente não conseguia falar muito. Como ela havia dito, no início...

A candidata foi classificada no terceiro estágio do curso básico. No entanto, ela ficou muito aborrecida. Ela me disse: *"Eu já estudei inglês. Por que preciso ficar no curso básico?"* Eu respondi a ela que ela já sabia algumas coisas, mas — como ela mesma havia dito — não conseguia falar e tinha dificuldade com a gramática. E nesse curso ela teria a oportunidade de aprender e se desenvolver. Eu disse para ela: *"A proposta do teste de classificação é colocar você no nível que você está e desenvolvê-la a partir daí. As pessoas que estão neste estágio têm um nível de inglês parecido com o seu."*

VOCÊ CONSEGUE APRENDER O QUE QUISER

Ela ficou brava e disse que não iria fazer um curso básico, pois já havia estudado tudo isso. Tentei lembrá-la de que ela mesma havia dito que não conseguia falar inglês, mas não adiantou. Ela foi embora sem se matricular.

Para aprender inglês — e para aprender qualquer coisa —, você precisa ter uma atitude de querer aprender. E para você aprender, precisa admitir que não sabe. Não é pecado não saber. Nem é vergonha não saber. Ninguém nasce sabendo. Uma pessoa que não admite que não sabe tem muita dificuldade para aprender coisas novas.

Às vezes na sala de aula há aqueles alunos que não sabem alguma coisa, mas fazem uma cara de que já sabem e não aceitam ser corrigidos ou ensinados. São justamente esses alunos que têm mais dificuldade para aprender — não porque não tenham condições de aprender, mas sim devido à sua atitude.

Por outro lado, eu tenho um aluno particular que quando chegou para ter aulas me disse que já havia estudado inglês antes, que entendia um pouco, que sabia algumas coisas, mas que sentia que tinha muitas lacunas no aprendizado. E mesmo já sabendo muitas coisas, me pediu para começar do início, pois ele queria, desta vez, aprender corretamente. Começamos do básico 1. Claro que, como ele já sabia muita coisa, o progresso foi bem mais rápido e ele atingiu um nível mais avançado rapidamente. E ele também se dedica muito ao estudo e à prática do inglês.

Qual é a sua atitude em relação ao aprendizado? De vez em quando é bom analisarmos o nosso próprio comportamento dentro de uma sala de aula. Você sabe quais são os pontos em que precisa melhorar? Você tem consciência do que ainda não sabe? Tem consciência do nível em que está no momento?

Ter uma atitude positiva é muito importante. Lembre-se de que aprender é acumular conhecimentos e saber usá-los. E mesmo que você ache que já sabe alguma coisa, sempre há algum detalhe a mais para aprender. Mesmo que você esteja num nível avançado, há coisas básicas que você não sabe, ou que esqueceu. E isso é normal. Por isso, não importa tanto o nível em que você esteja, mas sim a sua prática.

Pense sobre sua atitude. Ela é fundamental para o seu aprendizado!

Esqueça que está cansado

Dentre as aulas de ginástica que eu faço de segunda a sábado, duas vezes por semana eu faço aula de *aero jump*. A aula é muito dinâmica — nós pulamos sem parar sobre uma caminha elástica, que é bem o que eu gosto.

A aula dura uma hora. Quando passa a primeira meia hora, parece que eu vou morrer de tanto cansaço e que não vou chegar até o fim. Essa seria uma boa hora de parar e ir embora. Mas eu não paro. Continuo até o final. E acontece uma coisa muito interessante. Depois disso, o cansaço parece que vai embora e consigo terminar a aula numa boa — e feliz!

Basta vencer esse cansaço inicial que tudo fica mais fácil!

Quando você está estudando acontece a mesma coisa. Chega uma hora que você não aguenta mais estudar. Está cansado e sua vontade é jogar tudo para o alto. Nessa hora muita gente para de verdade. Desiste e deixa para depois.

Não faça isso! Continue mais um pouco. Esqueça que está cansado e não pare. Você vai ver que depois de algum tempo aquele cansaço parece que vai embora e o estudo rende muito mais. É só você não deixar o cansaço te pegar.

Nas aulas de física do colégio a gente estuda a inércia. Quando um corpo está parado, ele tende a ficar parado. Mas quando já está em movimento ele quer continuar em movimento. É mais ou menos o que acontece com a gente. Começar a estudar é difícil e cansa, mas depois que engrena, tudo flui melhor.

Experimente fazer isso. Quando estiver cansado, esqueça que está cansado. Continue e veja o resultado. O cansaço some e o estudo rende bastante. E quanto mais você souber, melhor vai se sentir e mais vai querer aprender.

Ensaie bastante antes de fazer "pra valer"

Antes de apresentar uma peça de teatro, atores ensaiam. Ficam meses ensaiando muitas horas por dia até a peça ficar pronta. Quando a gente assiste a uma peça, elogia as atuações dizendo que aquele ator é muito talentoso, mas se esquece de quanto ele treinou para chegar lá. Antes de fazer um filme, atores ensaiam as cenas muitas e muitas vezes. Estudam o papel, fazem pesquisa sobre as personagens, treinam a voz que vão fazer, a maneira de se mexer, tudo para compor uma personagem. Quem viu a maravilhosa Meryl Streep fazendo o papel de Margareth Thatcher no filme *The Iron Lady* não imagina o que ela fez para encarnar a personagem.

Antes de fazer uma palestra, um palestrante ensaia na sua casa. Eu, por exemplo, faço a apresentação para as paredes, imaginando que estou de frente para uma plateia. Um dia desses, o meu filho Pedro ficou ouvindo atrás da porta sem eu saber, e numa certa hora, quando fiz uma pergunta, ele respondeu.

O ensaio nada mais é do que um treino para a hora H. Claro que na hora há coisas que podem dar errado, mas quanto mais preparada a pessoa estiver, melhor ela conseguirá se sair no momento oportuno.

Numa cena do seriado *Grey's Anatomy*, um grupo de médicos se prepara para uma cirurgia de separação de dois bebês xifópagos (aqueles que nascem grudados). Eles têm uma equipe enorme, médicos especialistas em várias áreas e ensaiam com dois bonecos. Ensaiam o tempo de duração da cirurgia, o que cada equipe vai fazer. Tudo é ensaiado milimetricamente, pois é uma cirurgia muito delicada.

Todo mundo ensaia para fazer alguma coisa, de uma maneira ou de outra. E você deve fazer o mesmo quando estiver aprendendo. Quando você estiver aprendendo a cozinhar e quiser servir um prato novo num jantar, faça a receita antes e use sua família como cobaia.

Quanto mais você ensaiar, mais preparado você vai estar. Não adianta fazer uma coisa apenas uma vez. Você precisa repetir quantas vezes forem necessárias para aquilo ficar bom. Às vezes numa sala de aula não há tempo para se repetir a mesma coisa várias vezes. É aí que entra o seu trabalho em casa. Pratique, e pratique muito. Pratique num dia e repita no dia seguinte. Só fique satisfeito quando você sentir que está conseguindo produzir bem.

A prática é uma coisa muito pessoal. Há pessoas que conseguirão um resultado bom depois de 50 repetições e há pessoas que precisarão de 100. Isso não significa que uma pessoa é pior que a outra. É uma coisa que varia de uma pessoa para outra. Há aquelas que dizem que só quem é fraco precisa praticar mais. Na verdade, acontece o oposto: As pessoas são boas porque praticam mais.

Portanto, ensaie muito. Lembre-se de que você está fazendo isso por você, para melhorar. E com muita prática vai melhorar com certeza!

O segredo é praticar – o exemplo de Mildred Pierce

Muita gente me pergunta qual é o segredo do aprendizado. Eu sempre digo que se tivesse um segredo ficaria milionário. A verdade é que não existe um segredo, ou fórmula mágica.

Um dos segredos do aprendizado é praticar. Por mais que você estude, você só vai aprender mesmo se colocar aquilo em prática.

Vejam este exemplo tirado da minissérie *Mildred Pierce*, estrelada pela maravilhosa Kate Winslet. A personagem Mildred precisa trabalhar para sustentar as filhas. Sem experiência, o único emprego que consegue é de garçonete. No começo, ela tem muita dificuldade para equilibrar os pratos. Ela vai para casa e pega várias bandejas e as enche de pedras. Sai andando pela casa, carregando as bandejas para lá e para cá e colocando-as em cima de vários lugares, como se estivesse servindo pratos no restaurante. Depois de muita prática, ela finalmente consegue e vemos a cena dela no restaurante servindo os clientes com muita naturalidade.

Notem que ela pratica em casa. E para aprender qualquer coisa, você precisa praticar fora da sala de aula. É claro que praticar na aula é importante. Mas é fora dela que você vai se desenvolver. Você não precisa equilibrar pratos — a não ser que esteja aprendendo a ser garçom — mas a ideia é mais ou menos essa. Pratique, pratique e pratique. E depois pratique mais ainda. É assim que se aprende.

***

Tenha uma atitude DIY

Num artigo publicado na revista *Você S/A*, Eugênio Mussak fala sobre a atitude DIY e diz: *"A sigla em inglês se refere ao comportamento de quem não fica esperando que os outros façam o que deve ser feito. Você é assim?"*

Ele conta que ficou surpreso nos Estados Unidos ao visitar a loja da sua irmã, que vende *beads*, aqueles objetos coloridos que servem para fazer bijuterias. Ele não compreendia por que as pessoas preferiam comprar aquilo em vez de comprar as bijuterias prontas. A irmã, que mora nos Estados Unidos há muito tempo, explicou que as pessoas acham que fazer a sua própria bijuteria agrega mais valor à compra.

DIY é uma sigla que significa *"Do It Yourself."* Nos Estados Unidos as pessoas gostam de colocar a mão na massa e fazer as coisas com as próprias mãos. Essa atitude tem origem na própria história americana. Os Estados Unidos foram colonizados por pessoas que saíram da Europa em busca de uma vida melhor. Eles chegaram lá para fazer uma vida nova, e trabalharam muito para isso. Esse espírito empreendedor faz parte integrante da cultura americana.

No Brasil, a colonização começou com exploradores vindo aqui para levar coisas embora para Portugal. Vinham, pegavam as riquezas do país e levavam para fora. Tudo prontinho. Isso ficou enraizado na nossa cultura, e até hoje queremos tudo pronto, de mão beijada. (Conhecer um pouco de história é sempre bom para se entender a cultura de um país.)

No artigo de Eugênio Mussak, ele ainda fala que nos Estados Unidos é muito raro se ter uma empregada doméstica, e que as famílias se unem para fazer a limpeza da casa — independentemente da classe social. Ele também fala da profusão de empresas que facilitam a vida do americano comum, vendendo ferramentas para que as próprias pessoas consertem as coisas nas suas casas.

Até mudanças de casa são feitas por conta própria. Os americanos alugam um caminhão, colocam os móveis e objetos dentro, dirigem até a casa nova e descarregam tudo. E Eugênio Mussak continua: *"E no mundo corporativo? A mulher do cafezinho é uma máquina. Não há o boy para fazer cópias ou comprar lanches. Faça você mesmo, meu jovem folgado"*.

A atitude DIY, segundo o artigo de Mussak, teve o efeito colateral de estimular o empreendedorismo e o espírito inovador, muito fortes nos Estados Unidos.

E você, que está aí sentado, pensando em alguma coisa nova? Que tal adotar uma atitude DIY? Quer aprender? Ponha a mão na massa! Não estou dizendo para você estudar sozinho, embora haja muita gente que faça isso com sucesso. Estou dizendo mais uma vez que o seu aprendizado depende de você.

Nas minhas aulas de inglês há alunos que reclamam que não entendem o vocabulário de uma lição. Eu explico algumas palavras, dou alguns exemplos, mas isso não é suficiente. Depois peço a eles que procurem mais definições e outros exemplos por conta própria. Mais tarde, peço que tentem formar frases com as palavras novas e me dar para ler, para ver se eles estão conseguindo usar as palavras corretamente. Quando começa a aula seguinte e eu pergunto quantos fizeram isso, muitos dizem que não fizeram. E continuam reclamando que não entendem as palavras. Qual será o problema?

Durante muitos anos eu dirigi grupos de teatro em inglês com crianças e adolescentes. Eles tinham textos para decorar e eu dava mais falas na peça somente para quem já tinha decorado as suas falas anteriores. Havia gente que levava bronca minha porque não tinha decorado seu texto e que vinha, no ensaio seguinte, com tudo na ponta da língua. Outros levavam a mesma bronca, e voltavam ainda sem saber o texto. Qual o problema? Falta de atitude! Para você decorar o texto, tem que trabalhar em cima dele.

Para você aprender você precisa pôr a mão na massa. Como diz o artigo de Eugênio Mussak, a atitude DIY "*é algo a se pensar — e a se imitar.*"

Não deixe o tempo desanimar você

Várias pessoas me escrevem dizendo que precisam aprender uma determinada coisa. A maioria se refere a inglês, mas recebo e-mails de cantores querendo aprender a cantar melhor, de gente querendo aprender a editar filmes no computador e muitas coisas mais. E todas me perguntam qual o segredo para aprender rapidamente.

Não existe milagre para se aprender. Leva tempo e você precisa se dedicar. No entanto, o fato de levar tempo não deve desanimar você. Se você se desmotivar porque demora para aprender, não vai aprender nunca.

O importante é você começar e seguir em frente. E a cada dia você estará um pouquinho melhor. É um engano achar que você só vai falar italiano, por exemplo, quando terminar o seu curso. Desde o primeiro dia você já está falando. É claro que no início você fala coisas mais simples, mas você já fala. Lembre-se sempre disso. E quanto mais você falar, melhor irá falar.

Na primeira aula de sapateado, você já vai aprender um passo. Não adianta pensar que você só sabe um passo. Você precisa pensar que *já sabe* um passo.

Tudo depende do seu esforço. Complemente o que você aprende na escola com trabalho fora da sala de aula. Quer aprender italiano? Faça exercícios extras, assista a filmes em italiano, leia, fale com outras pessoas, ouça música e cante. Quer sapatear bem? Pratique em casa, muitas e muitas horas! Quer ser um bom cantor? Faça exercícios, cuide da voz, alimente-se bem. O seu progresso depende de você. Quanto mais você fizer, melhor.

Pensar em quanto falta para aprender não é a maneira correta de encarar o seu aprendizado. Mesmo porque você nunca vai aprender tudo e vai continuar aprendendo por toda a vida. Pense no que já aprendeu e no que está aprendendo a cada dia.

O tempo está sempre a seu favor e não contra você.

A educação mudou. E você?

Num artigo muito interessante publicado na revista *Você S/A*, Gil Giardelli fala sobre a nova educação.

O mundo mudou e a maneira de aprender mudou. E é muito importante que nós estejamos preparados para isso. Como ele escreve no artigo, *"ficar sentado, esperando receber o conhecimento do professor, é um comportamento do século passado"*. Hoje em dia o conhecimento está disponível em todo lugar e precisamos ir atrás dele e saber como alcançá-lo.

Isso não significa que a escola e os professores não são mais necessários. Ainda são, e muito. Segundo o artigo, *"frequentar uma escola é importante para compartilhar os valores da sociedade, o coletivismo e o trabalho em rede"*.

Na aula de línguas, por exemplo, a interação entre os alunos é importante. Você treina a comunicação com outras pessoas e põe em prática o que está aprendendo. Você testa o que aprendeu, testa as hipóteses que criou para o funcionamento da língua e vê se o que sabe funciona. Na aula de cerâmica, o professor mostra a você como moldar a argila e você vai copiando. Você testa e vê se consegue fazer um objeto simples, antes de criar algo novo e totalmente criativo.

O professor, ainda segundo o artigo, *"não é mais o dono do conhecimento, e sim o maestro do aprendizado"*. Não adianta você esperar que o professor ensine tudo. É você quem precisa aprender, e o professor vai te guiar e ajudar.

Como eu já escrevi antes, aprender é um verbo ativo e a iniciativa deve partir de você.

Você pode até estudar por conta própria, sem ir a nenhuma escola. Mas é importante também organizar grupos de estudo. Junte-se a pessoas que estejam aprendendo a mesma coisa. Vocês podem ter encontros reais ou virtuais. Essa interação vai ajudar você a melhorar. Além de tudo, é divertido poder conversar e trocar experiências com outras pessoas.

Se você é daqueles que espera receber tudo pronto, está na hora de mudar. É preciso ir atrás das coisas. Aprender está ao seu alcance cada vez mais.

Ninguém fracassa ao aprender – o exemplo de Pedro Dias

O Pedro Dias é um professor que trabalha na Secretaria de Educação do Estado de São Paulo. Um dia ele assistiu a uma palestra que eu dei por videoconferência para todo o estado de São Paulo, e foi assim que nos conhecemos, virtualmente. Ele faz um excelente trabalho de treinamento com professores, para melhorar cada vez mais o ensino de língua estrangeira nas escolas. Que é o que o Brasil precisa!

Depois de assistir à minha palestra, o Pedro preparou e aplicou uma orientação técnica para professores de inglês e espanhol e adaptou algumas das minhas ideias. Eu fico muito feliz de ele estar divulgando essas ideias, pois muito embora eu escreva pensando em quem quer aprender inglês, também é importante para os professores entenderem como os alunos aprendem, para poder ajudá-los a aprender melhor.

E como eu já disse antes, muitas das minhas ideias não são minhas, mas coisas que aprendi com os meus professores ou com tantas pessoas que já passaram pela minha vida — e principalmente meus alunos.

O Pedro montou um vídeo mostrando o trabalho bonito que está fazendo, e me mostrou. Uma das coisas que me chamou atenção nesse vídeo foi uma frase que ele usou, que não foi dita por mim. Não sei se a frase é dele ou se ele ouviu

de alguém, mas é a mais pura verdade. Ele diz: *"Ninguém falha ao aprender um idioma. Tem gente que desiste antes."*
Pense bem sobre essa frase!

Se você conseguiu aprender a falar português, você também vai conseguir aprender uma língua estrangeira. Você ouviu português o dia inteiro desde a hora que nasceu, até que falou as primeiras palavras. Se você ouvir muito a língua estrangeira, também vai aprendê-la. Você falava errado e seus pais o corrigiam até que você aprendeu. Com a língua estrangeira acontece a mesma coisa.

Isso serve para qualquer coisa. Você não falha ao aprender a andar de patins. Você apenas desiste antes de aprender. Você não falha ao aprender a dobrar uma camiseta corretamente. Você desiste antes.

Muitas vezes por medo das dificuldades nós desistimos. E não aprendemos. Não porque fracassamos, mas porque desistimos de tentar. E isso se aplica a tudo. O segredo é continuar tentando. Uma hora você chega lá!

Eu adorei a frase do Pedro e resolvi tomá-la emprestado. E você que está aprendendo ou tentando aprender qualquer coisa, lembre-se dela também. Ela vai ajudar você a seguir em frente.

Aprender e correr – qual a diferença?

Eu sou professor de inglês 24 horas por dia e sete dias por semana. Estou sempre pensando como professor. Perguntem para quem convive comigo. Se escuto uma música, logo penso que ela serve para ensinar determinado tempo verbal ou item de vocabulário, ou para demonstrar a pronúncia de algum som. Quando vejo um filme, sempre acho que determinada cena serve para determinada aula. E vou montando um acervo de material que um dia vai me "engolir".

Muitas vezes leio alguma coisa que não tem nada a ver com o ensino e já estabeleço a relação com o ato de aprender. Foi assim quando li o artigo "Sem atalhos", escrito por Rodolfo Lucena na *Folha de S.Paulo*.

O artigo diz que é vã a esperança *"de que é possível alcançar a boa forma sem fazer esforço"*. E eu penso com os meus botões: *"Aprender, também!"*.

No artigo, ele escreve que um fabricante de tênis americano foi processado por fazer propaganda enganosa e dizer que usando aquele tênis haveria uma melhora da musculatura das coxas, das panturrilhas e dos glúteos. Ele diz ainda que *"não há caminho fácil para o paraíso das belas pernas e do bumbum durinho"*. E eu penso com meus botões: *"Também não há caminho fácil para aprender!"*. Você pode estar na melhor escola, ter o melhor livro, o melhor material didático e equipamentos eletrônicos, mas não vai conseguir aprender sem esforço. Em outras palavras, para você ter boa musculatura, vai ter que correr, e para você aprender alguma coisa, vai ter que praticar.

Se você não quiser correr, pode fazer outro tipo de ginástica. Pode fazer aeróbica (como eu), pode fazer musculação, mas alguma coisa você vai ter que fazer. Para você aprender, também há muitas opções. Veja, por exemplo, todas as dicas deste livro, e as dicas que tanta gente publica na internet ou que os seus professores dão. As escolhas estão aí — basta você "malhar".

A matéria ainda fala sobre *"os cuidados com a alimentação, o descanso, a vida mais ou menos regrada. Coisa difícil de manter se o sujeito não tiver muita vontade, não tiver um objetivo especial em mente"*. Você acha que ele está falando da forma física ou do aprendizado? Isso vale para qualquer uma das opções!

Ele também alerta sobre o perigo de cairmos *"no conto do caminho fácil"*. No caso dos atletas, o *doping* dá bons resultados a curto prazo, mas *"o castigo vem a cavalo"*. E no caso do aprendizado? Quanta gente só se preocupa em passar de ano ou passar no curso? Quantos colam na prova e vão indo para cursos mais avançados até que um dia o castigo também vem a cavalo? O aluno está num curso mais avançado, mas não consegue acompanhar, pois faltou a base que ele não construiu.

Segundo Rodolfo Lucena: *"Há que suar. É bom, alegra e faz crescer. Vam'bora treinar!"*

Igualzinho ao ato de aprender. Vam'bora treinar! Também precisamos suar. A sua habilidade no que está aprendendo vai crescendo e você também se alegra!

É normal errar – alguns exemplos da minha família

Um aluno meu andava chateado, pois não conseguia pronunciar uma determinada palavra. E cada vez que errava, ficava bravo e se sentia frustrado. Eu dizia para ele ter calma, pois um dia iria conseguir.

Quando o meu filho Pedro era pequeno, ele falava *"capitury"* em vez de *"catupiry"*. E quanto mais ele tentava falar certo, mais errava. Até que um dia ele aprendeu.

A minha sobrinha Bia Gorresio, quando era menor, falava *"macurujá"* em vez de *"maracujá"*. E um dia aprendeu.

O meu primo Mauro Cukierkorn, quando era criança, em vez de falar *"ônibus"* falava *"ômbirus"*. Convenhamos que *"ômbirus"* é até mais difícil do que *"ônibus"*. Mas ele não conseguia falar corretamente. E hoje consegue.

Todos nós erramos quando estamos aprendendo. O importante é, quando errarmos e alguém nos corrigir, prestarmos atenção e tentarmos nos corrigir. Mesmo que não saia na hora.

Muitas vezes a gente não corrige a pessoa quando ela erra, e a pessoa continua falando errado. O meu primo Felipe Gontow, quando era pequenininho, trocava o "G" pelo "D". Ele é gremista, e em vez de *"Grêmio"* falava *"Dêmio"*, por exemplo. Todo mundo achava tão bonitinho que quando falava com ele, falava do mesmo jeito. Os adultos diziam *"Dol do Dêmio"*. Ele foi crescendo sem aprender a falar da maneira correta, até que, quando foi para a escola, foi mandado para uma fonoaudióloga. E aí aprendeu. Hoje ele grita *"Gol do Grêmio"* com todos os sons corretos.

Corrigir-se e ser corrigido faz parte do processo tanto quanto errar. Quando você errar e tiver dificuldade em qualquer coisa, não fique frustrado. Lembre-se de que isso é natural e um dia você vai conseguir. Basta tentar melhorar e ter paciência para esperar pelo resultado. Em algum momento ele virá.

A persistência vale a pena – o exemplo de Bruna Gontow

A minha filha Bruna Gontow nunca tinha jogado vôlei. Numa brincadeira na piscina com a nossa prima Laura, ela gostou de jogar e resolveu praticar vôlei no nosso clube. Começou a treinar duas vezes por semana no início de fevereiro de 2011.

O mais incrível é que mal ela tinha começado, o clube já participou de um campeonato com outros clubes de São Paulo. E lá foi a Bruna participar do campeonato. Jogou vários jogos, alguns no próprio clube e outros em outros clubes. Até fora da cidade elas foram jogar.

E perderam todos os jogos!

Também, como ganhar, se a maioria das meninas era iniciante? Jogo após jogo elas perderam. A técnica do time, Paty, não as deixava desanimar. E por incrível que pareça, as meninas não ficavam tristes ou arrasadas após cada derrota. É claro que elas gostariam de ter ganhado, mas sabiam que estavam aprendendo a jogar. E participar de um campeonato é um aprendizado e tanto.

Nos primeiros jogos do ano, elas perdiam os sets por muitos pontos, por exemplo 25 a 3. Perdiam o jogo de 3 sets a 0. E aos poucos foram perdendo por uma diferença menor: 25 a 10, 25 a 18, 3 sets a 1... E foram jogando cada vez melhor.

Até que finalmente, em 18 de outubro, elas ganharam o seu primeiro jogo. Ganharam de 3 sets a 2, sendo que nos dois sets em que perderam a diferença foi muito pequena: 25 a 23 no primeiro e 25 a 21 no quarto.

A alegria das meninas do time da Bruna era como se elas tivessem ganhado o campeonato mundial. E elas estavam disputando a medalha de bronze do torneio. A alegria dos pais também foi contagiante; parecia que estávamos na final da Copa do Mundo.

O que mais me chamou atenção nessa história toda foi a persistência do time. Elas começaram ainda com pouca experiência, foram treinando e se aprimorando. E ficaram mais confiantes, apesar de terem mais derrotas do que vitórias. Elas sabiam que cada derrota não foi uma derrota, mas um aprendizado rumo a jogar vôlei melhor. Não importa a classificação delas no campeonato. Mesmo que elas só tivessem ganhado aquele jogo até o final do ano elas já se consideravam vitoriosas.

Como seria bom se quando a gente estivesse aprendendo algo novo a gente também pensasse e agisse assim!

Não se aprende de uma hora para a outra. É tudo uma questão de tempo — e de persistência.

Eu tenho certeza de que depois de cada jogo a Paty reunia as jogadoras e apontava os seus erros e dizia o que elas podiam fazer para melhorar. É assim mesmo que se aprende — prestando atenção aos nossos erros e aprendendo com eles. E a cada vez que a mesma jogadora comete o mesmo erro lá está a Paty para apontá-lo. Até que um dia, a jogadora vai jogar melhor. Igualzinho ao seu professor. Ele não aponta o seu erro para criticar você, mas para você achar o caminho certo.

A mãe da Estela, uma das jogadoras do time da Bruna, gritava o tempo todo durante a jogo a frase da Dory do filme *Procurando Nemo*: *"Continuem a nadar!"*. Se você viu esse filme, sabe do que estou falando. Se não viu, veja, pois é um dos filmes mais lindos que já vi.

A persistência vale a pena. A Bruna se sentiu uma vitoriosa no vôlei naquele dia. Você também pode se sentir assim no seu aprendizado. É tudo uma questão de atitude.

Eu morro de orgulho da minha filha, e tenho muito orgulho dos meus alunos que se esforçam e aprendem.

Não são os testes
que contam

Numa entrevista publicada na *Folha de S.Paulo*, James Heckman, um economista americano, diz que a ênfase em testes empobrece a qualidade da educação. Embora essa crítica se direcione mais às escolas que são acusadas de quererem medir os resultados de tudo em testes, isso também pode ser aplicados a nós, os que estamos aprendendo. Nós parecemos achar que só os testes mostram se estamos aprendendo ou não. Nós nos preocupamos mais com os testes do que em aprender.

Quando meu filho Pedro estava no primeiro ano do ensino fundamental 1, um pai de um colega dele, numa reunião no colégio, demonstrava preocupação com a nota do colégio no Enem. Não é um pouco cedo para pensar nisso? Eu acho que as crianças vão para a escola não apenas para passar no vestibular, mas para terem uma formação completa.

Da mesma maneira, muitos alunos só consideram que estão aprendendo em função das suas notas nas provas. Mesmo ao terminar uma prova, se você perguntar aos alunos se eles foram bem vai ouvir muitos dizerem *"Eu não sei"*. Isso significa que os alunos não têm nem ideia se eles estão aprendendo ou não. É só a prova que vai dizer isso a eles.

Nós temos que saber avaliar o nosso conhecimento independentemente das provas e testes. Nós temos que saber se estamos melhorando ou não. Temos que saber aprender com os nossos erros. Nós não estudamos para o teste, mas para aprendermos.

Eu tenho muitos alunos particulares de inglês e não dou provas para eles. Eu sei se estão aprendendo ou não, e sei em que áreas eles podem melhorar e onde estão as suas dificuldades. E os estimulo a pensarem nisso também Afinal, eu não estarei com eles para sempre.

Hoje em dia muitos livros didáticos têm um questionário de autoavaliação e autoconhecimento, para fazer o aluno pensar sobre o seu aprendizado. Muitos alunos, porém, não gostam de responder e dizem que não sabem avaliar como está o seu progresso. E essa forma de autoconhecimento é muito importante e precisa ser desenvolvida, pois você vai usá-la no resto da sua vida.

Numa escola, eu acho importante se fazerem testes regularmente. Não sou contra os testes. Só acho que os alunos precisam aprender o que fazer com eles. Não é só pegar o teste corrigido e guardá-lo. Você deve usar o teste para aprender com os seus erros. Se você conseguiu entender o que errou e se aprendeu a maneira correta, não importa a nota que você tirou. Você aprendeu e o teste foi bom para isso.

Use os testes em seu benefício e aprenda com eles. Isso é o mais importante no seu aprendizado do que a nota que você tirou.

Não tenha medo das dificuldades

Hoje em dia a palavra "dificuldade" parece ter uma conotação negativa, que na verdade não tem. Há escolas que proíbem que os professores digam aos pais que o aluno está tendo uma dificuldade em uma determinada matéria. Segundo elas, os pais ficam muito chateados ao saber que o filho está tendo dificuldades. Eles preferem ouvir outras palavras que os deixem menos angustiados.

Uma dificuldade nada mais é do que um obstáculo no seu caminho. E esse obstáculo pode ser superado. O segredo é descobrir como superá-lo. Não existe receita — cada obstáculo é superado de maneira diferente. Às vezes precisamos tentar de várias maneiras diferentes até conseguirmos uma que funcione. Às vezes conseguimos vencer a dificuldade rapidamente e outras vezes demoramos mais.

Todos nós temos dificuldades: você tem e eu também tenho. Pense em tudo o que você sabe fazer bem hoje e pense na primeira vez que tentou fazer. Hoje você faz com facilidade, mas no começo foi difícil. E tudo o que hoje é difícil, um dia será fácil se você tentar até conseguir. Mas se não tentar, vai ficar difícil para sempre, pois será um obstáculo que você não tentou remover.

Há dias que eu tenho dificuldade para começar a escrever. Mas como isso já me aconteceu muitas vezes, eu sei que em algum momento vou conseguir e por isso não me desespero. Eu já superei outros obstáculos e sei que vou superar este também.

Admitir para si mesmo que você tem uma dificuldade não é ruim. É o primeiro passo para você tentar resolver o problema. Admitir para outras pessoas que você tem uma dificuldade não é sinal de fraqueza. Todo mundo já passou por dificuldades, e não é isso que faz de você forte ou fraco. Dizendo para alguém que você tem uma dificuldade, esse alguém pode te ajudar. E receber ajuda também é bom.

Aceite as suas dificuldades e não tenha vergonha delas. Ter dificuldade é normal. Apenas não deixe que as dificuldades travem você. Use-as como estímulo para aprender sempre mais.

Avalie o seu aprendizado constantemente

Muitas vezes quando estamos estudando algo, nós nos colocamos no automático e vamos fazendo as coisas mecanicamente sem pensar sobre elas. Estudamos, fazemos exercícios e praticamos — ou não.

É importante de vez em quando fazermos uma autoavaliação. Estamos aprendendo? Estamos melhores? Você tem que ter a capacidade de fazer essa avaliação. Você precisa conseguir sentir se está progredindo.

Essa avaliação não é para você se comparar com as outras pessoas. É para você se comparar com você mesmo no passado e agora. Está melhorando? Está se sentindo mais confiante?

O mais importante é o que você vai fazer com essa avaliação. Se você acha que não está progredindo tanto, o que pode fazer para mudar? Você pode mudar a estratégia de estudo.

Em tantos anos de carreira como professor já vi muita gente reclamar que não consegue aprender inglês, mas na hora de praticar e estudar essas pessoas não estão se dedicando o suficiente. Eu tenho alunos que só pensam no inglês na hora da aula. E no resto da semana não fazem nada — não leem, não ouvem, não praticam. É claro que o progresso deles será mais lento.

Lembre-se de que você aprende para você mesmo. A vontade de aprender é sua, e se você aprender o ganho será seu também.

Faça autoavaliações periódicas e pense sobre o seu processo de aprendizado. Corrigir o rumo ou mesmo mudar o rumo faz parte do processo. Você só tem a ganhar com isso.

Você não merece nada

Não se assuste com o título deste capítulo. Mas pare para pensar um pouco.

Num artigo publicado na revista *Época*, Eliane Brum escreveu sobre pais e filhos. Mas muito do que ela disse se aplica a todos nós. Afinal, somos filhos de alguém e temos ou talvez um dia vamos ter filhos. Segundo ela, os pais hoje em dia querem dar tudo para os filhos, e acabam não os preparando para a vida. As pessoas estão crescendo achando que têm direito a tudo e que não precisam lutar por nada.

Ela diz que estamos criando uma geração que acha que só o fato de ter nascido já lhes dá o direito de merecer tudo de mão beijada. Adorei uma frase em que ela diz que *"a vida é construção — e para conquistar um espaço no mundo é preciso ralar muito"*.

Para aprender alguma coisa você precisa ralar. Nada vem fácil. Não adianta você achar que vai aprender sem esforço.

Há pais que matriculam seus filhos na escola mais cara da cidade e acham que assim o filho vai aprender. Esquecem de dizer para o filho que ele precisa estudar. E cobrar para que ele estude. Já vi muitos pais cujos filhos não passam de ano irem reclamar na escola, dizendo que estão pagando uma anuidade caríssima e que não vão gastar mais uma vez no ano seguinte. Ora, pagar não é garantia de que o aluno vai aprender. Ele precisa se esforçar.

Isso acontece com crianças e com adultos também. Muitos adultos pagam a academia e acham que por estarem matriculados já vão estar em forma. Não vão às aulas, não treinam, não se esforçam e quando percebem que não houve resultados, falam mal do professor ou da própria academia. Mas escola nem academia alguma faz milagre. Nós conseguimos qualquer coisa se realmente nos esforçarmos para isso. Ou seja, precisamos ralar.

Não há nada errado com ralar e com se esforçar. Pelo contrário. É isso que leva a gente para a frente. Temos que valorizar essa atitude nos outros e em nós mesmos.

Você não nasce merecendo nada. Se quiser alguma coisa, faça por merecer. E vai conseguir o que quiser.

Aproveite as pessoas que passam pela sua vida – a história de Clarisse Frydman

No último episódio da segunda temporada do seriado *Glee*, Kurt e Rachel cantam uma música do musical *Wicked* intitulada "For Good". Logo após ter visto esse episódio, tive a maravilhosa oportunidade de assistir *Wicked* ao vivo em Londres e me emocionei muito.

A música "For Good" diz que as pessoas aparecem na nossa vida por uma razão. Eles sempre trazem alguma coisa que nós precisamos aprender. E que nós somos levados a nos aproximar daquelas que vão nos ajudar mais a crescer, se nós permitirmos que elas o façam.

Tudo o que essa música diz é a mais pura verdade. Todas as pessoas que se aproximam de nós contribuem com a nossa vida. Uma convivência, por menor que seja, afeta a sua vida para sempre. Pode ser até uma pessoa de quem você não gostava. Mesmo assim, se essa pessoa não tivesse existido, sua vida seria diferente.

Quando eu tinha entre seis e sete anos de idade e estava no primeiro ano do primário no Colégio Israelita em Porto Alegre, tive uma professora maravilhosa. Ela se chamava Clarisse Frydman, e foi uma pessoa que marcou muito a minha vida. Na verdade, eu não me lembro das aulas dela, mas lembro a sensação de amor e carinho que ela me deixou. E lembro que no último dia de aula eu chorei compulsivamente, por saber que ela não seria mais a minha professora.

Alguns anos depois, quando eu estava no quarto ano do primário, ela foi minha professora novamente. Quanta alegria! Tive a sorte de tê-la como professora por dois anos.

Depois do quarto ano eu saí daquele colégio, mas ainda a via algumas vezes em Porto Alegre. Até que um dia ela avisou que estava se mudando para Israel. E nunca mais a vi. Isso faz muitos anos.

Quando entrei no Facebook, o nome dela foi um dos nomes que procurei, mas sem sucesso. Até que um dia, remexendo nuns livros antigos — do tempo do colégio — vi o nome dela escrito e percebi que o sobrenome era com "y" e não com "i" como eu estava escrevendo. Tentei de novo e encontrei o nome no Facebook. Não havia foto, mas o nome era esse e dizia que morava em Israel. Só podia ser ela! Escrevi uma mensagem e mandei uma solicitação de amizade, mas nunca recebi resposta nenhuma.

Coisas da vida! Um dia, minha mãe veio almoçar na minha casa e me disse: *"Fui na casa de uma amiga e encontrei uma pessoa que disse que foi tua professora e ela me deu um cartão com o telefone e e-mail. Ela se chama Clarisse e mora em Israel, mas está passeando por aqui."* Meu coração bateu mais forte.

Escrevi um e-mail emocionado e recebi outro tão emocionado quanto o meu. No e-mail dela, pasmem, ela me agradece por eu ser quem eu sou. E diz ainda que valeu todo o esforço de ter se dedicado a essa profissão maravilhosa que é ensinar.

Eu é que deveria agradecer, pois foi ela quem me ensinou tanta coisa! E muito do que eu sou como professor e como pessoa eu devo a ela. E a tantas outras pessoas. Mas se pensarmos bem, tudo é uma troca. A gente aprende e ensina ao mesmo tempo. A vida é uma troca e tudo vale a pena. Você é influenciado por todos e influencia todos.

O que essa baboseira sentimental tem a ver com o aprendizado em geral? Tudo! Como diz a música "For

Good", todas as pessoas nos ajudam a crescer, se nós permitirmos que isso aconteça. Mas muitas vezes nós não permitimos. Colocamos uma barreira e não deixamos que nos ajudem. Afastamos algumas pessoas que poderiam nos ensinar tanta coisa. Criticamos alguns professores, recusamos a ajuda de outros. Tantas vezes alguém quer nos ensinar alguma coisa e nós o afastamos dizendo: *"Eu já sei isso."* Você nunca sabe tudo, e mesmo que você já saiba alguma coisa, sempre há mais a aprender sobre ela.

É muito importante estarmos abertos e receptivos a tudo e a todos. Mesmo uma pessoa que saiba menos do que você pode saber alguma coisa que você não sabe. E se você aprender essa única coisa com ela, já terá aproveitado muito. A gente aprende maneiras de estudar, maneiras de se comportar e tanta coisa que nem percebemos na hora.

Deixe-se influenciar pelos outros. É bom e você só tem a ganhar!

Não deixe
para amanhã

Nós temos a mania de adiar as coisas e deixar tudo para amanhã. Eu também faço isso às vezes! Um artigo que saiu na *Folha de S.Paulo* me fez pensar novamente sobre isso.

Na matéria intitulada "Hoje, só amanhã", Iara Biderman fala sobre a procrastinação, uma coisa *"tão ruim que até o nome é feio"*. Segundo ela, *procrastinar*, ou deixar as coisas para depois, é uma *"ofensa que a pessoa faz a si mesma, mesmo sabendo que isso só a deixará mais vulnerável"* e até mesmo angustiada.

Numa pesquisa feita, descobriu-se que 33% dos profissionais brasileiros gastam duas horas da jornada sem fazer nada de efetivo e 52% deixam atividades necessárias para a última hora.

Você é um procrastinador? Se você sabe que precisa estudar, se tem vontade de aprender alguma coisa, mas fica constantemente adiando, no fundo você está sempre angustiado por não estar estudando e por saber que ainda não sabe aquilo. O problema só cresce no seu pensamento. Por que você faz isso com você mesmo?

Se você começar a estudar agora, mesmo que esteja bem no início, já vai aprendendo um pouco e vai começar a se sentir melhor. E a cada pequeno passo para a frente a sensação de sucesso vai aumentando. Você só tem a ganhar.

O artigo — muito bom — discute as razões de fazermos isso. Citando Freud, ele fala em "autoboicote". O medo do fracasso e o medo de não ser perfeito paralisa a ação. Ela diz que a pessoa, *"por motivos inconscientes, recua sempre que está perto de uma situação de sucesso."*

Qual a solução? Parar de empurrar as coisas com a barriga e partir para a ação. Isso só depende de você.

Mãos à obra. Você chega lá, mas precisa começar. É um pequeno passo, mas sem ele você não vai a lugar nenhum.

O que fazer quando você não gosta do que precisa aprender?

Muita gente me fala que está estudando alguma coisa, mas não gosta dela. Eu tenho alunos que me dizem que odeiam inglês. Por que será que isso acontece?

Sabe aquela história da raposa e das uvas? A raposa queria pegar as uvas. Como as uvas estavam fora do seu alcance, ela acabou desistindo e dizendo que as uvas não estavam tão boas assim.

Eu acho que a mesma coisa acontece com o aprendizado. A pessoa quer aprender, mas não consegue. Então sai por aí dizendo que odeia aquilo. Ou que é chato. Isso aconteceu comigo com o futebol. Eu nunca consegui aprender a jogar, e sempre falei que odeio futebol. Será que consigo superar esse trauma?

A esse respeito, li uma matéria muito bacana na *Folha de S.Paulo* falando sobre o gosto. A matéria se refere a comidas e ao paladar, mas tem tudo a ver com o que estou falando.

Como todo mundo sabe, e como os pais insistem tanto com os filhos, gosto é uma coisa que se adquire. Na primeira vez que você prova alguma comida com um sabor diferente é normal haver um certo estranhamento. A matéria diz que é preciso treinar o paladar. Se você provar a mesma coisa várias vezes, vai acabar gostando. E vai aumentando o seu repertório de gostos — o que é ótimo para você. Segundo a matéria, o número de vezes que você precisa provar é 12. Não sei se o número é 10, 12 ou 20, mas o fato de você experimentar muitas vezes vai levar você a se acostumar e até a gostar.

A matéria também fala que ligamos o ato de gostar a memórias positivas. Nós gostamos das comidas que nos trazem boas lembranças. Eu, por exemplo, adoro macarrão com molho, pois me lembro dos sábados da minha infância quando almoçava na casa da minha vó Lota. Da mesma maneira, quando você conseguir se comunicar em inglês, vai desenvolver uma memória positiva, que vai levar você a gostar mais do inglês. Quando você conseguir tocar uma música no seu piano, vai também criar uma memória positiva.

O segredo é experimentar. Quanto mais você praticar, mais vai conseguir fazer. Quanto mais você fizer, melhor vai se sentir. E assim, cada vez mais vai gostar do que está aprendendo.

Parece fácil. Basta agora você colocar tudo em prática. Depende de você. Afinal, você quer aprender ou não?

Aprenda, que você vai gostar.

Nós aprendemos um pouquinho todos os dias

Alguns dias antes do meu aniversário, a minha filha Bruna me disse: *"Na semana que vem você vai ficar um ano mais velho"*. E eu respondi: *"Não, na verdade, eu fico um dia mais velho a cada dia"*.

O aniversário da gente não é um dia em que, de repente, um ano inteiro se acumula nas nossas costas. Não é um dia em que as rugas aparecem de uma hora para outra. Não é o dia em que todos os seus cabelos brancos aparecem. Tudo isso vai acontecendo bem lentamente, um dia após o outro. E a gente nem percebe isso.

A mesma coisa acontece com o aprendizado. Você não aprende tudo de repente. Vai aprendendo um pouquinho a cada vez. Tudo o que você aprendeu, somado, é o seu aprendizado total.

Não adianta você estudar 20 horas antes de uma prova. Não adianta você passar um mês tentando recuperar o que não estudou no ano inteiro. O aprendizado é um processo lento e gradual.

Estudar um pouco a cada dia, isso, sim, faz a diferença. Se você está aprendendo a tocar um instrumento, toque um pouco todos os dias. Se está aprendendo a costurar, costure um pouco todos os dias. Se está aprendendo uma língua estrangeira, fale, leia e ouça um pouco todos os dias. Você vai aumentando a sua habilidade dia após dia.

Isso é um processo lento. Às vezes você tem a sensação

de que não aprendeu nada. É que é difícil medir o progresso de um dia para o outro. Mas o que você vai aprendendo vai se acumulando aos poucos. De tempos em tempos você consegue perceber a diferença.

Por isso, para aprender você precisa de dedicação, persistência e paciência. Não tenha pressa. Com calma, você aprende.

É importante ler

Eu fico admirado com a quantidade de pessoas que não leem. E mais admirado com certas pessoas que se enchem de orgulho e dizem coisas como: *"Eu não gosto de ler. Na minha vida só li uns três livros"*.

Não sei se é porque na minha casa sempre se leu muito, mas eu não consigo conceber a ideia de não ler. Minha mãe sempre leu muito, e os meus irmãos e eu também. Meus filhos estão sempre lendo. Claro que o exemplo também é muito importante para formar o hábito, mas nunca é tarde para começar.

Eu gostaria de ler muito mais do que leio, mas pelo menos todos os dias leio um pouquinho que seja.

Ler é bom, pois é divertido. Você passa o tempo, aprende coisas novas, usa a imaginação. Através da leitura descobrimos e aprendemos histórias, culturas e hábitos diferentes. Um mundo novo se abre a nossa frente. Você vai a lugares que nunca foi antes ou redescobre lugares onde já foi.

Se você lê histórias de ficção sobre mundos e lugares que não existem, sua imaginação voa e você pode até se imaginar nesse mundo. É uma coisa mágica. Se você lê biografias ou relatos históricos, aprende muita coisa interessante e curiosa. Há leituras de todo tipo e para todos os gostos.

Quando estive em Londres e assisti ao musical *Wicked* — uma das coisas mais maravilhosas que vi na minha vida —, imediatamente me deu vontade de ler o livro que deu origem à peça, para conhecer mais a história.

Para aprender, ler também é fundamental. A gente aprende só de ler — não precisa estudar o livro. Aprender uma língua depende basicamente de você receber muitos estímulos. Para você aprender a falar, você precisa ouvir muito aquela língua. Quanto mais ela entrar pelos seus ouvidos, mais você vai conseguir falar. Mas não é só isso. Quanto mais você lê, mais as estruturas da língua vão ficando dentro de você. O seu cérebro vai armazenando as frases que você leu e formando um banco de dados. Na hora que você precisar falar, aquelas frases e estruturas virão para a sua boca.

Mas isso não serve só para línguas. Você pode ler sobre qualquer assunto e aprender mais sobre ele. Se você está estudando arquitetura, leia sobre a vida dos grandes arquitetos. Isso vai ajudar você a ter uma visão mais ampla sobre essa profissão. Se você está estudando medicina, leia sobre a vida de médicos e as histórias que aconteceram com eles. Não é só a teoria que você aprende. Você aprende muito além disso.

Hoje em dia você pode ler livros no computador, no tablet e até pode baixar livros no seu tocador de mp3. Você pode levar o livro aonde quiser. É tão fácil. É só querer.

Se você não tem o hábito de ler, dá para desenvolvê-lo. Comece lendo um pouquinho todos os dias e, se puder, vá aumentando. Você vai ver que com o tempo aquilo vai ser tão parte da sua vida, que você não vai conseguir viver sem ler.

Experimente! Ler é importante e é bom!

Aprender de novo não existe

Sabe aquele ditado que diz que um rio não passa duas vezes pelo mesmo lugar? Se você for ao mesmo lugar, a água não será mais a mesma e será tudo diferente. A mesma coisa acontece com o aprendizado. Não podemos aprender a mesma coisa novamente. Cada vez que vamos voltar ao mesmo assunto, o vemos de uma maneira diferente.

É comum nas escolas e nos livros voltarmos a assuntos que já vimos anteriormente. Muitos alunos reclamam: *"Nós vamos estudar isso de novo?"* A resposta é não. Cada vez que voltarmos ao mesmo assunto, vamos aprender coisas diferentes, vamos aprender novos detalhes, novas nuances. Tudo isso vai permitir que o nosso conhecimento vá se aprimorando.

Eu percebi isso nas minhas férias quando levei meus filhos à Inglaterra pela primeira vez. Fui a muitos lugares que já tinha visitado antes. Passear pela Inglaterra é ter aulas de história e cultura a todo momento. Mesmo visitando lugares que eu já conhecia, aprendi muitas coisas novas. E olha que alguns desses lugares eu já havia visitado umas cinco vezes!

Na primeira vez que a gente visita um lugar, é tanta informação nova que não dá para absorver tudo. A gente fica com uma visão geral do local. Além disso, se você vai a vários lugares, depois de um tempo os lugares se misturam na sua cabeça e você não tem tanta certeza se uma coisa ficava num determinado lugar ou em outro.

Quando você volta ao mesmo lugar, muitas das coisas voltam à sua cabeça e você consegue completar os buracos que ficaram. Por outro lado, há lugares que eu sabia que já tinha visto, mas não tinha a menor lembrança. Embora estivesse visitando vários desses lugares para mostrar aos meus filhos, eu acabava aproveitando muito também, pois aprendia muita coisa nova. E via detalhes que não havia percebido antes.

Com o seu aprendizado também é assim. Quando você aprende uma coisa nova, você a aprende de uma maneira geral e consegue usá-la de uma maneira mais simples. Se algum tempo depois você estudá-la novamente, vai entender coisas que não tinham ficado claras na primeira vez. E quando estudar aquilo novamente, vai descobrir coisas novas. E esse processo não acaba nunca.

A partir disso, há duas coisas de que você precisa se lembrar. Em primeiro lugar, quando o seu professor começar um assunto que você acha que *"já viu antes"*, não fique bravo e não ache que ele está enrolando você. É assim mesmo que deve ser feito. E se você estuda por conta própria e percebe que o seu livro volta ao mesmo assunto, lembre-se que isso é normal.

Em segundo lugar, procure sempre revisar o que você estudou, por conta própria. Mas não fique apenas repetindo o que já fez antes. Procure descobrir mais sobre aquilo. Procure novos exemplos. Procure explicações em livros diferentes. Quanto mais você investigar, mais irá descobrir. Lembre-se de que você estuda para você.

Mesmo neste livro, vai perceber que muitos assuntos se repetem também. É o mesmo princípio. Às vezes eu falo sobre um mesmo assunto, mas sob um ângulo diferente, dando exemplos diferentes. O que não ficou muito claro numa primeira lida pode ficar mais claro numa segunda leitura. Ou na próxima.

Aprender é descobrir coisas novas e se aprofundar nelas cada vez mais. Vá fundo nas coisas e você só tem a melhorar cada vez mais!

É preciso pensar

Para aprendermos, precisamos usar a cabeça. Se não pensamos e não tiramos as nossas próprias conclusões, o aprendizado não acontece.

Muitas pessoas gostam de receber tudo pronto, ou, como se diz por aí, *"mastigado"*. Mas isso não funciona para aprender. Existe um método de ensino chamado *indutivo*, em que o professor não explica regras. Ele vai dando exemplos e faz o aluno concluir por conta própria. Há muitos alunos que reclamam, que dizem: *"Fala logo!"* e não percebem que é bom para eles tirarem as suas próprias conclusões.

Vejam o que aconteceu comigo no Museu de História Natural de Londres. Na parte do museu que fala sobre o corpo humano há uma sala dedicada à memória. Há várias atividades interativas em que as pessoas brincam e fazem testes. Num desses testes aparecia numa tela uma lista com 12 palavras e pedia para a gente decorar. Automaticamente eu agrupei as palavras por categorias, pois havia nomes de quatro animais, quatro cores etc. Quando a pessoa acabasse de decorar, deveria apertar um botão, as palavras sumiriam da tela e a gente deveria escrever o que lembrava. Eu lembrei 11 das 12 palavras. A maioria das pessoas se lembra de muito menos.

O jogo dizia então que daria uma nova lista de palavras. Dessa vez, as palavras já vinham divididas em três categorias. Segundo o jogo, separar as palavras por categorias ajudaria a se lembrar de mais. O interessante é que comigo aconteceu justamente o contrário. Na primeira vez foi automático para mim separar as palavras em categorias, e pus o meu cérebro para funcionar. Na segunda vez, as palavras já estavam separadas para mim e eu não tive o trabalho mental de dividi-las por categoria. Como resultado, me lembrei de muito menos palavras — só 3 das 12.

Embora eu não tenha provado exatamente o que o experimento propunha, tem tudo a ver com o que estou dizendo. Quando as palavras já vieram separadas — tudo mastigadinho — e eu não tive que pensar, foi bem mais difícil.

Para você aprender qualquer coisa, vale o mesmo princípio. Pense! Quando estudar alguma coisa nova, pense sobre ela. Não caia no vício de querer que o professor ou o livro tenha a explicação completa. Vá atrás, analise, ponha a cabeça para funcionar. No caso de línguas, classifique palavras (do jeito que achar melhor), invente os seus exemplos, enfim, use o seu cérebro. Procure exemplos em dicionários, livros, sites. Lendo e pensando sobre eles muita coisa vai se encaixando na sua cabeça e o aprendizado acontece.

O nosso cérebro tem uma capacidade enorme, mas, segundo dizem, só usamos uma pequena parte dela. Aproveite! Use tudo o que puder. Ele é seu mesmo.

Atitude é tudo para o aprendizado – o exemplo de Pedro Gontow

Para aprender algo novo você precisa ter uma atitude proativa. Você precisa querer e tentar aprender. Há pessoas que já nascem com essa atitude, e agem assim naturalmente. Mas isso também pode ser desenvolvido. Basta você tentar.

Quando o meu filho Pedro Gontow tinha apenas nove anos, fomos com a família para a Inglaterra, Irlanda e França. Ao entrarmos na fila do check-in da British Arways, para embarcar para a Irlanda, eu falei alguma coisa para a família e ele imediatamente me disse: *"Speak English!"*. Só de saber que estávamos embarcando para o exterior ele já estava querendo falar inglês. Não é o máximo?

Naquele momento pensei: *"Esse menino vai voltar falando inglês"*. E isso aconteceu mesmo!

Para aprender, você precisa querer aprender. Eu já levei grupos de adolescentes para a Inglaterra para fazerem curso de inglês. Eles ficaram lá quase um mês e voltaram sem falar nada da língua. Isso porque falavam em português entre si e não tentavam falar inglês. Perderam uma grande oportunidade. Por outro lado, há muitas pessoas — como eu — que aprenderam a falar inglês aqui no Brasil mesmo, apenas tentando e querendo falar.

Isso acontece com qualquer coisa. A sua atitude é que

vai determinar o seu aprendizado. Você quer aprender matemática? Faça exercícios não por obrigação, mas porque quer aprender. Você vai conseguir. Quer perder aquela barriguinha? Faça exercícios de verdade, sem enrolação.

Você consegue aprender o que quiser. Tudo o que precisa é de atitude.

É bom aprender coisas novas

Em 2011, passei uma parte das minhas férias na Irlanda. Fui até lá com a minha família pois queríamos assistir ao show do elenco do seriado *Glee*. Aliás, se você assistir ao DVD do filme *Glee 3D*, que é a gravação do show, vai me ver ali na plateia, logo no comecinho da música "Don't Stop Believing". Eu apareço justamente cantando a palavra *believing*. Mas isso é outra história.

Na Irlanda, pela primeira vez tive a chance de dirigir um carro no lado direito e dirigindo do lado esquerdo da rua. Foi uma experiência muito diferente, pois acostumados a dirigir carro no Brasil, a gente faz tudo mecanicamente — não precisa pensar mais.

Para facilitar, escolhi um carro com câmbio automático e com GPS. Assim, não precisaria me preocupar em mudar de marcha e em saber para onde estava indo. Só precisaria pensar em uma coisa — dirigir no lado certo.

No princípio deu um certo medo. Mas eu pensei: *"Vou conseguir."* e lá fui. Claro que logo na saída do hotel entrei para o lado certo, mas na pista errada. Depois do susto inicial, fui para a pista certa. Não foi como dirigir no Brasil, mas consegui. O mais difícil foi controlar a distância para os carros do lado, pois no Brasil quando você está dirigindo o carro acaba ao seu lado esquerdo e já começa o lado de fora. Na Irlanda, do seu lado esquerdo ainda há o carro todo antes de chegar a rua. É preciso fazer o cérebro se acostumar com essa nova noção espacial.

Aprender algo novo exige que o seu cérebro se acostume a pensar de maneira diferente. Se você não meter as caras, o aprendizado não acontece. Para dançar, tocar um instrumento, operar um máquina nova, por exemplo, você precisa fazer movimentos diferentes, com os quais o seu corpo não está acostumado. Você precisa pensar e agir de maneira diferente. Isso também dá uma certa insegurança no início, mas com o tempo você vai ficando mais confiante. O que você precisa é tentar.

Na minha história de aprender a dirigir na Irlanda, no final do dia ficou aquela sensação boa de ter conseguido fazer uma coisa nova. O primeiro dia não foi ótimo, mas eu sabia que iria melhorar. No segundo dia foi melhor, e no fim de quatro dias eu estava dirigindo razoavelmente. Fui embora e não pratiquei mais, mas sei que se tivesse ficado um mês conseguiria dirigir bem melhor. Disso eu tenho certeza.

A mesma coisa acontece com o seu aprendizado em geral. Quando você aprende uma coisa nova dá aquela sensação boa de ter conseguido. E mesmo que ainda não esteja muito bom, você sabe que pode melhorar.

Aprender coisas novas é sempre bom! Acredite nisso sem medo e progrida sempre.

Ouvir e prestar atenção é muito importante

Quando estive na França, tive uma experiência com o francês que serve também para aprender inglês ou qualquer outra coisa. Afinal, o processo de aprender é parecido sempre, independente da matéria.

Eu estava em Paris, e o meu francês é muito fraco. Eu não me sentia mal, pois sabia que não tinha obrigação de falar bem. Usava o que consigo para me comunicar. Naquele momento, queria me comunicar basicamente com as pessoas, mesmo que falasse errado. Em uma semana lá, eu sabia que não ia ficar fluente, mas sabia que podia melhorar um pouco.

Eu estudei francês no primeiro e segundo anos de ginásio (atual sexto e sétimo anos do ensino fundamental). Eu era bom na época, mas nunca mais estudei nem treinei, então fui enferrujando.

Em Paris eu conseguia entender algumas coisas que me diziam, mas não conseguia responder do mesmo jeito. Falava um pouco como índio, mas tentava me comunicar. Embora todos lá falassem inglês — uma mudança muito grande desde a última vez que eu tinha estado lá, 15 anos antes — eu queria me comunicar um pouquinho em francês.

Uma coisa que me ajudava era prestar atenção ao que as pessoas diziam. Eu ouvia as palavras e as repetia para mim mesmo, brincando um pouco com os sons para me lembrar do significado e da pronúncia. Dentro do metrô, por exemplo, quando o nome da próxima estação era anunciado, eu procurava prestar atenção à pronúncia e ler o nome da estação no painel. Isso me ajudava a associar os sons com as palavras escritas.

Há muito tempo eu não aprendia uma língua nova, e esse processo foi divertido. Eu ficava feliz com cada progresso. Por exemplo, aprendi a pedir *"uma baguette"* em vez de *"um baguette"* na padaria. Depois de apenas seis dias senti que meu francês melhorou um tiquinho.

Para aprender é assim. Devemos ouvir com cuidado, e prestar muita atenção. Embora este exemplo seja sobre o aprendizado de línguas, pode ser aplicado a qualquer área de conhecimento. Se você está visitando um museu, por exemplo, ouça atentamente as explicações sobre os quadros e esculturas. Quanta coisa você vai aprender! Na escola, ouça atentamente as explicações e as histórias do professor. Há muita coisa que você vai aprender e que vai além da matéria em si.

Ouvir é fundamental!

Utilize melhor
o seu tempo

Li um artigo muito interessante na revista *Você S/A* com o título "Trabalho sem pedágio". O artigo falava que com disciplina podem-se evitar as interrupções que roubam o nosso tempo.

As interrupções a todo momento prejudicam o seu aprendizado. Pense em quantas vezes você para de estudar para atender o telefone, checar seu e-mail ou falar com alguém no msn. Segundo esse artigo, a cada interrupção levamos 15 minutos para nos concentrarmos novamente. Isso diminui em até 40% a nossa eficiência.

Por isso, para estudarmos também precisamos de disciplina e de eliminar os fatores que podem nos desconcentrar. Na hora de estudar, desligue o celular, o computador, ou, se for estudar usando o computador, desligue os programas que não fazem parte do seu estudo, como Facebook, Outlook e Skype. Só o fato de você ouvir o aviso de que recebeu uma nova mensagem já vai desconcentrar a sua atenção, pois você já fica querendo saber quem te escreveu. E para falar a verdade, em geral não é nada urgente, não é?

A disciplina ajuda você a estudar de maneira mais eficiente. Se você começa e interrompe muitas vezes, além de demorar muito mais, pode não ter um aproveitamento tão bom. Se você se organizar, estuda em menos tempo, com um rendimento muito maior.

A disciplina pode parecer chata, mas na verdade ela nos ajuda, pois acaba sobrando muito mais tempo para as outras coisas. E depois de estudar, você pode se divertir com o computador ou com o celular. Você vai ver.

O que fazer
com as provas e testes

Nós vivemos fazendo testes com a gente mesmo. Você faz regime e vai à balança ver se está funcionando. Você mergulha na piscina ou no mar e conta quantos segundos consegue ficar sem respirar. Você muda um ingrediente de uma receita para ver se fica melhor. Estamos sempre nos testando.

Só não gostamos de fazer testes na escola. Por que será? Por que temos esse medo de fazer provas? O teste serve apenas para verificar o seu nível naquele instante. Você deveria ficar feliz por poder avaliar o seu progresso. Infelizmente muita gente ainda pensa no teste como uma forma de passar de ano e parece que isso é mais importante do que aprender.

O importante do teste ou da prova é o que você faz com ele depois. Se você não emagreceu nada, vai ter que mudar a sua estratégia. Se a receita ficou ruim, você volta a usar os ingredientes originais, ou vai testar uma nova receita.

A mesma coisa acontece com o seu aprendizado. O importante não é você ver quanto tirou. O importante é você analisar os seus erros. Você deve pensar sobre cada erro. Qual foi o erro? Por que você errou? Depois de corrigida a prova, você entendeu qual foi o seu problema? E agora, como vai fazer para corrigir o seu erro? Vai estudar mais? Vai fazer exercícios extras? Vai pedir explicações para alguém?

O erro é sempre um passo no caminho do acerto. Não faz mal você errar. O importante é, depois de errar, você aprender com o seu erro. Pode ser que você ainda cometa esse mesmo erro outras vezes, mas se tentar, vai conseguir corrigi-lo um dia.

Se você estuda por conta própria, pode também se testar, fazendo exercícios e avaliando como o seu aprendizado está progredindo — como se você estivesse numa escola.

A prova é um instrumento muito bom para você medir o seu progresso. Mas não se você olhar a sua nota, der um sorriso ou um suspiro e jogar a prova no fundo da gaveta. O que você faz com a prova depois de recebê-la corrigida é o mais importante de tudo. E isso depende de você

O esforço é o que importa

Recebi o link de um texto muito interessante, publicado na internet por Marcos Meier, um especialista em educação. O texto intitulado "Elogie do jeito certo" fala sobre crianças, mas se aplica muito também ao comportamento de adultos.

O autor conta que numa experiência com dois grupos de crianças foram feitos elogios diferentes a cada grupo. Após a realização de uma tarefa, diziam para um grupo: *"Parabéns! Como você é inteligente!"* Para o outro grupo diziam: *"Parabéns! Como você é esforçado!"*.

Quando pediram para as crianças realizarem uma segunda tarefa, muitas das chamadas de "inteligentes" se recusaram a fazê-la, enquanto que as chamadas de "esforçadas" fizeram o que era proposto.

Segundo o autor, a explicação para o ocorrido é simples e nos ajuda a compreender como elogiar nossos filhos e nossos alunos. O ser humano procura fugir de experiências desagradáveis. As crianças que foram chamadas de "inteligentes" não queriam sentir a frustração de não conseguir realizar uma tarefa, pois isso poderia modificar a imagem que os adultos tinham delas. Elas achavam que se não conseguissem realizar a tarefa, as pessoas não iam mais dizer que elas eram inteligentes. No entanto, as crianças chamadas de "esforçadas" não tinham nada a perder, pois o que tinha sido elogiado era o seu esforço. Este continuaria a ser elogiado, mesmo que errassem ou não conseguissem o sucesso.

Marcos Meier conta que muitos jovens considerados inteligentes não passam no vestibular, enquanto outros considerados "médios" conseguem a vitória. Diz ele: *"Os inteligentes confiam demais em sua capacidade e deixam de se preparar adequadamente. Os outros sabem que se não tiverem um excelente preparo não serão aprovados e, justamente por isso, estudam mais, resolvem mais exercícios, leem e se aprofundam melhor em cada uma das disciplinas".*

Embora o texto fale sobre como educar as crianças, tem tudo a ver com o aprendizado para a vida toda. Se você se esforçar, vai conseguir. Como qualquer aprendizado na vida, você sempre vai encontrar dificuldades. Ser inteligente não é garantia de que você vai aprender alguma coisa. No entanto, o seu esforço é o caminho para o sucesso. Você vai chegar lá!

Bom para pensar na sua atitude para com o aprendizado em geral. Você está se esforçando o suficiente?

Pense no que você faz bem

Nós temos uma tendência a olhar mais para as nossas fraquezas do que para as coisas que sabemos fazer bem. Eu já tive tantos alunos que eram bons em inglês, mas que ao não conseguir fazer algo diziam *"Eu não sei isso. Sou ruim de inglês".*

Não saber uma coisa não significa que você seja ruim nela. Não conseguir entender tudo não significa que a sua compreensão é ruim. Lembre-se de que você está sempre progredindo, no seu ritmo.

É importante cultivarmos a autoestima para podermos aprender bem. Algo que ajuda muito é você fazer uma lista das coisas que sabe e daquilo que já consegue fazer. Você pode fazer uma lista e atualizá-la uma vez por mês ou a cada dois meses. No caso do inglês, você pode escrever coisas do tipo *"Eu já sei usar o simple present."* ou *"Eu já consigo entender algumas palavras quando assisto a um filme em inglês sem legenda"*, ou *"Eu já sei conversar sobre o tempo em inglês"*. No caso do piano, faça uma lista das músicas que você já sabe tocar. No caso da yoga, faça uma lista de quantas posições você já consegue fazer.

Escreva só o que sabe. Concentre-se nas coisas positivas. Você vai perceber que essa lista vai aumentando aos poucos e é um bom sinal.

Não fique pensando sobre o que não sabe, mas se por acaso pensar nisso, coloque a palavra *"ainda"* antes. Diga: *"Eu ainda não sei fazer isso"*. Isso significa que um dia vai saber. É só ver as coisas pelo lado positivo.

Na minha casa todos somos apaixonados pelo seriado *Glee* e compramos o karaokê do *Glee* para Wii. A gente passa horas cantando as mesmas músicas e ao final de cada uma o jogo dá a pontuação. Ela é dividida em vários itens, e para cada um você recebe uma porcentagem. Numa vez dá 70%, na outra 80% e assim você vai progredindo. E é uma alegria vermos que estamos cantando cada vez melhor. E repetimos a mesma música muitas vezes tentando melhorar cada vez mais. E deveria ser sempre assim, com qualquer tipo de aprendizado.

Pense no que você faz bem, e não tenha vergonha de falar para as pessoas. Nós temos a tendência de não falarmos coisas boas sobre nós mesmos para os outros não nos acharem exibidos, mas em compensação vivemos falando mal de nós mesmos. Contar aos outros (seus colegas, por exemplo) as suas conquistas e vitórias é bom e estimula todos a aprenderem mais.

Lembre-se de que valorizar os seus pontos positivos vai ajudá-lo a se sentir mais confiante e como consequência melhorar cada vez mais.

Disciplina –
o exemplo de Bob Fosse

Bob Fosse foi um dos maiores coreógrafos que já existiram. Eu sou um apaixonado por musicais e um grande fã do trabalho maravilhoso de Fosse. Um dançarino e coreógrafo extremamente criativo, suas coreografias até hoje, muitos anos após a sua morte, ainda deixam os espectadores embasbacados pela sua beleza. Os gestos e movimentos usados por ele são diferentes de tudo o que se viu. E se você já viu, podem ter sido copiados dele.

Ter sido dirigido e coreografado por Fosse é um grande orgulho para qualquer ator e bailarino. E a palavra que todos que trabalharam com ele usam sempre é "disciplina".

Fosse era muito exigente. Suas coreografias sempre foram muito originais e ele fazia com que os seus elencos repetissem o mesmo gesto centenas de vezes, até que ficasse exatamente como ele queria.

Há alguns anos foi feito na Broadway o musical *Fosse*, homenageando Bob Fosse e mostrando as principais coreografias da sua carreira. No DVD do musical (que você pode comprar no Brasil) há depoimentos de várias pessoas que trabalharam com ele. Uma delas conta que num certo dia, depois de repetirem a mesma sequência uma infinidade de vezes, Fosse disse: *"Vamos fazer mais uma vez!"*. Um dos dançarinos se virou baixinho para um colega e sussurrou: *"Outra vez?"*. Na mesma hora Fosse o chamou: *"Você, pode pegar as suas coisas e ir embora!"* E o demitiu no mesmo instante.

Bob Fosse não exigia que o bailarino fosse perfeito. Apenas exigia disciplina e dedicação. Ele não se importava de trabalhar um dia inteiro só para ajudar um bailarino que não estava conseguindo executar um determinado movimento, mesmo que o resto do elenco já tivesse conseguido.

Aí está um dos segredos do trabalho incomparável de Bob Fosse — a disciplina. Acho que é um exemplo a seguir, para o aprendizado em geral.

Um dia desses, numa aula de inglês, eu pedi aos meus alunos que praticassem um determinado diálogo várias vezes, trocando de parceiros a cada vez. Depois de eles fazerem umas seis vezes, pedi para que se sentassem. Um dos alunos exclamou: *"Finalmente!"*. Chamei então esse aluno e pedi que apresentasse o diálogo na frente da sala para todos os outros. Ele não conseguiu falar o diálogo completo. Então eu perguntei: *"Por que você disse 'Finalmente!' se ainda não tinha conseguido fazer o diálogo? A gente pratica para aprender. O que você deveria ter dito é: 'Deixa eu fazer mais uma vez, pois ainda não aprendi'"*.

Com disciplina, você consegue fazer qualquer coisa. É só não desanimar e tentar até conseguir.

Você pode achar muitas cenas de musicais de Bob Fosse no Youtube. Assista, divirta-se e surpreenda-se!

Há tanta gente boa dando bons exemplos por aí. É só seguirmos. Se eles conseguiram, nós também podemos conseguir.

Defina o seu problema claramente

Muitas vezes quando temos algum problema, nos desesperamos e dizemos coisas como *"Eu não entendo nada."*, ou *"Eu não sei nada"*. Isso não é verdade, pois não saber *nada* é um exagero.

Muitas vezes quando eu tenho um aluno novo — seja em aulas particulares ou na escola — esse aluno me diz: *"Eu não sei nada de inglês."* Quando eu começo a fazer uma avaliação do nível de inglês do aluno, vejo que ele já sabe muitas coisas. Mesmo os mais iniciantes sabem algumas palavras, algumas frases e algumas estruturas.

Por isso acho importante definir exatamente qual é o seu problema. Você pode fazer isso até por escrito, pois ver o problema escrito no papel vai ajudar você a ter uma consciência melhor sobre ele.

No caso do inglês, vamos supor que você esteja estudando os verbos no passado e esteja tendo um pouco de dificuldade. Isso é normal, pois para aprender passamos por uma fase de dificuldades antes. Pense bem e coloque no papel qual é o seu problema. Alguns exemplos de problemas são: *"Eu não estou me lembrando do passado dos verbos."*, *"Eu não estou sabendo fazer perguntas no passado."*, *"Eu esqueço de usar o verbo auxiliar."* etc.

No caso de você estar aprendendo a cozinhar, alguns problemas típicos são: *"O meu arroz fica todo grudado."* ou *"Eu não consigo acertar o ponto do bolo"*.

Pode ser que você tenha mais de um problema. É importante entender quais são eles. Depois de definir qual é o seu problema, você vai estabelecer estratégias para solucioná-lo.

Lembre-se de que todas as coisas que você não sabe, um dia vai saber. Isso acontece com qualquer aprendizado. O segredo é ir com calma e não se desesperar.

Aprenda com entusiasmo

Aprender é principalmente uma questão de atitude. Se você não sabe alguma coisa, pode ficar desestimulado, ou pode se sentir estimulado a aprender.

Há pessoas que desanimam, pois acham que não saber algo é uma coisa ruim. Eu tenho alunos que, quando começam a aprender algo novo, por exemplo, fazem uma cara de sofrimento e me dizem: *"Isso é difícil!"*.

Há pessoas que se sentem estimuladas a aprender coisas novas. Quando encontram algo que não conhecem, querem desvendar os mistérios. Um estudante que tenha esse tipo de atitude vai estudar, procurar entender e a cada passo para a frente vai se sentindo mais feliz. Em vez de pensar que aquilo é difícil, vai pensar em maneiras de aprender para que se torne mais fácil.

É óbvio qual das duas atitudes é melhor para o aprendizado. O que precisamos descobrir é como despertar esse entusiasmo. Aprender é bom! E sempre começa com você não sabendo algo.

As crianças entusiasmam-se com tudo. É assim que elas aprendem. Se você convive com crianças, observe como elas se envolvem e ficam concentradas tentando fazer alguma coisa até conseguir. Você também já foi assim. O que você precisa então é tentar recuperar a curiosidade e o entusiasmo.

Nas minhas aulas de *Body Combat*, o Marco, o meu professor, apresenta uma sequência nova a cada três meses mais ou menos. Fazemos sempre a mesma sequência, até que ele mude. Aí fazemos outra por mais uns três meses. Quando está perto da mudança, a maioria dos alunos já sabe a sequência de cor. Alguns ficam chateados quando o Marco começa uma sequência nova, pois têm que começar a aprender tudo outra vez. Eu acho divertido. Mesmo errando, estamos nos exercitando. E aprender uma sequência nova de movimentos é estimulante.

Aprender é uma aventura. Você vai desbravar caminhos novos. Encare seu aprendizado dessa maneira. Você vai ver que será muito mais divertido.

Não sei quem disse esta frase, mas é uma grande verdade: *"É pelo caminho da ignorância que vem o conhecimento. Assim, devemos nos sentir estimulados com o que não sabemos"*.

Tenha disposição para aprender

Num artigo publicado na revista *Você S/A* intitulado "A mente brilhante", estava escrito que a verdadeira receita do sucesso é a disposição para aprender.

Não acho que exista uma única receita para o sucesso, mas concordo que a disposição para aprender é fundamental para que o aprendizado ocorra.

O artigo citava a psicóloga americana Carol S. Dweck, da Universidade Stanford, que desenvolveu um programa chamado *Brainology*, algo como "Cerebrologia", que tinha como objetivo ensinar aos alunos como encarar a atividade de aprender de uma maneira positiva. De acordo com ela, isso os tornaria adultos mais realizados.

Embora o programa desenvolvido por ela tenha incluído crianças e adolescentes, eu acredito que mesmo adultos possam desenvolver essa disposição para aprender. É claro que se você começar quando é criança é muito mais fácil, mas se você já é adulto e não teve a chance de trabalhar isso, nunca é tarde para começar.

A pesquisa de Carol Dweck identificou dois tipos de comportamento, que ela chamou de *mentalidade do crescimento* e *mentalidade fixa*. Isso se refere a duas maneiras de pensar, que acabam influenciando como as pessoas se comportam diante dos problemas como obstáculos, derrotas e críticas. Qual será a sua?

Quem tem a mentalidade fixa, segundo ela, aceita os

limites e tende a se desenvolver mais devagar. A mentalidade de crescimento permite ao indivíduo aprender com os problemas e preparar-se para o sucesso na próxima vez.

Como eu já escrevi antes, o erro ajuda você a aprender. Se você aprender com os seus erros, chegará longe. Se você interpretar os seus erros como coisas que não podem ser mudadas, você ficará estagnado.

Há alunos que erram e ficam frustrados. Dizem coisas do tipo: *"Eu sou ruim nisso."*, *"Eu nunca vou aprender."*, *"Eu não sei isso."* e outras coisas mais. Isso é um exemplo de mentalidade fixa. É como se aquilo fosse uma coisa permanente, que você não vai nunca conseguir mudar. No entanto, se você tiver uma mentalidade de crescimento, vai interpretar aquele erro como um caminho para chegar ao acerto. É muito mais estimulante e proveitoso.

Nas palavras de Carol S. Dweck, *"Ter uma mentalidade de crescimento significa que você pode ser melhor, mas não necessariamente que você tenha que ser o melhor a cada minuto e em cada área. Então você precisa decidir em que vai colocar o seu esforço, quais serão seus objetivos e onde colocará a sua energia"*.

Pense sobre isso quando estiver aprendendo.

Iniciativa não é o problema

Eu escutei esta frase num programa de rádio e adorei: *"O brasileiro tem muita iniciativa, mas não tem acabativa"*.

Não sei quem disse essa frase, mas é uma verdade muito bem dita. Não tenho certeza se só os brasileiros são assim, mas nós temos sempre muitas ideias e planos e até começamos muitas coisas, mas não damos prosseguimento. Somos bons em iniciar, mas não somos bons em acabar.

Eu já tive muitos alunos que me contaram já ter estudado inglês em várias escolas e ainda não ter aprendido. O que será que faz com que a gente comece um curso e não vá até o fim — várias vezes? Ou mesmo quando resolvemos que vamos aprender algo por conta própria, por que começamos e não chegamos até o fim?

Claro que quando fazemos um plano não pensamos no trabalho que teremos para fazê-lo virar realidade. Para você aprender, precisa se dedicar — estudar, fazer exercícios, e praticar. E não desistir quando aparece o primeiro obstáculo. Será que estamos dispostos a isso? Às vezes parece que quando nós começamos e nos damos conta de todo o trabalho que vai dar, desanimamos e deixamos para outra vez. Só que na outra vez vai acontecer tudo novamente.

Achei que "acabativa" fosse uma palavra inventada. No entanto, escrevendo "iniciativa e acabativa" no Google, acabei encontrando muitos sites falando sobre isso. Uma palavra que eu nunca tinha ouvido, mas que já é usada em vários lugares. Achei este texto interessante no site *Sua Mente*:

"Acabativa é um neologismo que significa a capacidade que algumas pessoas possuem de terminar aquilo que elas próprias ou o que os outros começaram. A acabativa tem base na realização, isto é, realizar a ação necessária para alcançar resultados. A chave da acabativa não é a ideia, a criação, a filosofia ou intelectualização. É o que você faz, é se comprometer com os resultados, aceitar a responsabilidade e agir de modo persistente."

Segundo o site, os acabativos são pessoas que gostam de fazer as coisas acontecerem. Eles nunca desanimam frente às dificuldades. Ao contrário, seguem em frente e conquistam o que precisarem.

Lembram-se da frase daquela música famosa que dizia *"Quem sabe faz hora, não espera acontecer"*? Para aprender é assim. Você precisa fazer acontecer. Ter iniciativa não é o problema. Muita gente tem. O que você precisa é ter acabativa. Iniciativa sem acabativa não leva a nada. E como você vai fazer para chegar lá? Isso depende de você. Existem muitas maneiras de aprender, muitas maneiras de estudar. Use aquela que for melhor para você. Não desanime quando encontrar obstáculos, pois eles vão te fortalecer para seguir em frente.

E o resto é o seu esforço pessoal e a sua vontade de aprender. Parece fácil, mas não é. Precisa ter muita força de vontade. Aí tudo fica mais fácil.

Na cozinha –
o exemplo de István Wessel

Como alguém que gosta de cozinhar, eu curto ler receitas e ouvir programas de culinária. Com bastante frequência escuto István Wessel dando suas *Pitadas de gastronomia* na rádio Bandnews FM e fico com água na boca enquanto dirijo meu carro.

Um dia, ele estava dando uma receita de fraldinha e falou uma coisa que me chamou atenção. Quase no final da receita, quando estava falando como a gente sabe se a carne já está no ponto, ele disse que com o garfo dá pra saber. E disse algo mais ou menos assim: *"Se você não acertar na primeira, acerta na segunda"*.

Na culinária, como no aprendizado de qualquer coisa, a gente aprende por tentativa e erro. Faz uma vez, erra e depois de algumas tentativas acerta. Tudo bem se na primeira vez você não comer uma comida tão gostosa. Você vai se aprimorando com o tempo. E mesmo que o prato saia horrível da primeira vez, você aprende com os seus erros e melhora na próxima tentativa. Eu mesmo, que cozinho diariamente, de vez em quando me esqueço do arroz na panela e o deixo queimar. E tudo bem. A família continua achando que eu cozinho bem. Qual o problema de errar?

Quando eu faço uma receita nova pela primeira vez, sigo-a bem direitinho. Depois de ter feito o prato uma vez, já começo a improvisar — acrescentar ingredientes, mudar quantidades etc. Com o aprendizado em geral é a mesma coisa. Primeiro você vai seguindo um modelo e depois que já souber usá-lo começa a improvisar. Mas é importante passar pela imitação do modelo no início. Depois que o modelo estiver bem firme, você vai "temperando" ele um pouco mais, do seu jeito. Um artista, antes de fazer uma obra totalmente abstrata, aprende técnicas de pintura muito tradicionais. Atores de teatro fazem peças muito realistas antes de partirem para peças mais experimentais.

Tudo se aprende com experiência. E o tempo vai deixar você cada vez melhor!

Escape de você mesmo

Na minha carreira de muitos anos como professor de inglês tive muitos tipos diferentes de alunos. Há muitos deles que já estudaram em várias escolas diferentes. Entram numa escola, estudam por um tempo, não gostam ou não conseguem aprender e trocam de escola. Fazem isso várias vezes e mesmo assim não têm um bom resultado. Você também já passou por isso? Será que nenhuma escola é boa para você?

Muitas vezes nós acreditamos que mudando de lugar vamos nos livrar de todos os nossos problemas. E assim mudamos de emprego, ou de casa, ou de escola, ou até de marido ou mulher. Tentamos buscar soluções escapando dos nossos problemas.

Só que quando vamos para qualquer lugar, nos levamos junto. E não conseguimos escapar de nós mesmos. E muitas vezes o problema somos nós, a nossa atitude para com o aprendizado.

Não adianta ficar mudando de escola. O problema pode ser você! Pode ser que você esteja insistindo em estudar de um jeito que não dá certo para você. A mudança precisa partir de dentro. Se você mudar o seu jeito de estudar, tudo pode melhorar.

Talvez você esteja procurando uma escola onde você aprenda sem esforço. Vai procurar muito e não vai achar. A mudança precisa ser sua.

Talvez você esteja procurando um professor que não te corrija quando você errar. Você acha muito chato o professor pegar no seu pé cada vez que você comete um erro. Não adianta escapar do professor! Tente escapar desse seu hábito. Aceite a correção como uma coisa positiva. Ela vai fazer você aprender mais.

Escapar das coisas é fácil. É só fugir e deixar tudo para trás. Mas não resolve muito. Escapar de si mesmo é muito mais difícil. Primeiro precisamos reconhecer quais são os nossos hábitos que estão nos bloqueando.

Você precisa parar e pensar. Quais são as suas dificuldades mais frequentes? Qual o seu jeito de lidar com elas? Se você lida com elas sempre do mesmo jeito e continua tendo problemas, tente mudar. É difícil mudar o nosso próprio comportamento, mas é possível e dá certo!

Escape de você mesmo e se liberte das amarras que estão te prendendo. Você vai se libertar de algo que você mesmo criou e vai aprender muito mais.

Faça elogios a você mesmo

Quem não gosta de receber elogios? É bom quando um professor fala: *"Parabéns, você melhorou."* ou *"Você está ficando cada vez melhor."* Ficamos felizes e temos vontade de aprender mais. É um incentivo para continuarmos.

Pelo mesmo motivo, é muito bom elogiarmos a nós mesmos. Não há aqueles dias em que você se arruma para sair, se olha no espelho e fala: *"Hoje eu estou lindo!"*? Pois é, faça a mesma coisa com o seu aprendizado!

Quando você sair da sua aula e tiver aprendido alguma coisa nova, diga para si mesmo: *"Parabéns, hoje você aprendeu coisas novas!"*.

Valorize cada etapa do seu aprendizado. Você está progredindo e isso é sempre bom. Elogiar-se é uma forma de valorizar o que você está aprendendo e o seu esforço para aprender. E ver que você está progredindo aumenta a sua motivação para aprender cada vez mais.

Parabéns pelo que conseguiu até agora! Você está no caminho certo!

Fame – the Musical – imediatismo ou trabalho árduo?

Eu assisti à peça *Fame — the Musical* em Londres em janeiro de 1996. Foi amor à primeira vista. Adorei a peça, uma adaptação do filme *Fame* dos anos 1970 e também do seriado *The Kids from Fame*.

Gostei tanto da peça que resolvi montá-la com o grupo *That's EnterTEENment*, que eu dirigia na época. Comprei o CD com a trilha sonora — e as letras das músicas — e fui a várias livrarias em Londres para comprar o livro com o texto da peça. Acontece que o texto não existia. Em vez de desistir, resolvi assistir à peça novamente e tentar escrever o texto inteiro. Assisti, prestei muita atenção, voltei para o local onde estava hospedado e comecei a escrever — num caderno. Aliás, no trem de volta para casa já estava escrevendo.

Voltei ao teatro mais três vezes, e a cada vez ia completando o texto. Não podia escrever durante a peça, pois poderiam achar que eu a estava copiando, então tinha que assistir, ouvir e lembrar. Eu tinha um caderno em que escrevia os nomes dos atores que iriam interpretar cada personagem na minha montagem. No intervalo da peça, anotava — em português — alguns detalhes que havia esquecido. Se alguém viesse reclamar, não havia nada escrito da peça.

Só para esclarecer, a lei dos direitos autorais diz que se usarmos um texto num contexto escolar, com o objetivo de ensinar (inglês no meu caso), não é necessário pagar direitos autorais. Portanto, não estava fazendo nada ilegal.

Finalmente consegui escrever a peça inteira. Voltei para o Brasil e montei a peça. No ano seguinte, ao voltar para Londres, fui ver a peça novamente e me dei conta que havia escrito o texto completo, e esquecido apenas uma frase do texto original. Fiquei feliz!

Montei essa peça com o grupo *That's EnterTEENment* e ganhamos três prêmios no festival da Cultura Inglesa. Alguns anos depois, montei a peça novamente com o grupo *We Go Together* — em duas versões diferentes (Dessa vez incluí a frase que tinha esquecido na primeira montagem.).

Escrever o texto foi questão apenas de trabalho. Sim, deu trabalho, foi um desafio, mas também foi divertido e compensou todo o esforço. Se eu tivesse desistido porque não encontrei o livro, nada teria acontecido.

Hoje em dia as pessoas estão cada vez mais imediatistas. Querem tudo pronto. Se não conseguem algo de imediato, já ficam frustradas ou desistem.

Isso me lembra uma matéria publicada por Francisco Daudt na *Folha de S.Paulo*. A matéria, chamada "Imediatismos" dá o exemplo do Homer Simpson, que tinha US$ 2,50 e na dúvida sobre comprar um bilhete de loteria ou um chocolate escolheu o chocolate — ou seja, pensou só no momento.

Planejar para o futuro é uma característica importante do ser humano. É importante nos prepararmos para o que vai vir. Essa coisa de viver só o momento, segundo Daudt, é para quem tem Alzheimer e não consegue se lembrar do passado nem projetar o futuro. Ou para um brócolis — adorei essa comparação. Como nós não somos brócolis, é sempre bom nos preparamos para o futuro.

Não acho que devemos pensar só no futuro. Viver o presente é importante, é claro. Mas não devemos pensar só no presente.

Na peça *Fame — the Musical*, a personagem Carmen Diaz quer ser famosa a qualquer preço, e imediatamente. A professora Miss Sherman diz: *"Muita gente vem estudar aqui querendo fama instantânea, mas o que vocês vão encontrar aqui é trabalho árduo"*. Ser famoso requer muito trabalho, muita disciplina, muito estudo e muita dedicação.

E a mesma coisa é verdade para aprender o que quer que seja. Mesmo que o seu objetivo não seja a fama, você quer aprender bem. Você precisa estudar, praticar, se esforçar até aprender. Não adianta achar que vai entrar num curso novo e já aprender tudo. Não há aprendizado instantâneo.

Há pessoas que escolhem um curso de inglês, francês ou japonês pelo tempo de duração. Querem um curso que termine rapidamente. Ora, isso não é garantia de que você vai aprender bem. Tudo vai depender de você. Um curso mais intensivo, com aulas diárias, por exemplo, vai exigir que você se dedique mais para poder aprender em menos tempo. É possível, mas depende do seu esforço.

Se você nunca dedicar um tempo fora das aulas para estudar o que quer aprender, seu aproveitamento também não será tão bom. É claro que o mundo oferece muitas oportunidades para você a cada momento — festas, programas de TV, passeios, videogames e tantas outras coisas. Às vezes é preciso não pensar só no momento e fazer um esforço para atingir o seu objetivo.

Eu repito que não estou dizendo para você parar de fazer tudo na vida para pensar no seu curso. Não, mas às vezes você pode deixar de fazer algo para estudar.

Num vídeo disponível no Youtube intitulado "Everything's Amazing and Nobody's Happy", Louis CK fala sobre esse imediatismo da nossa sociedade. Temos tudo ao alcance das nossas mãos, mas ainda não estamos felizes. Diz ele que antigamente (muitos de vocês nem vão lembrar) precisávamos discar os números no telefone e esperar o disco voltar ao lugar. Se fosse o zero, o disco tinha que dar a volta inteira. Imagina discar um número com oito dígitos! Hoje em dia, apertamos uma tecla e o telefone disca na hora. Se demora cinco segundos para conectar, já ficamos sem paciência e começamos a xingar o telefone. Não precisa ser assim.

Nas palavras de Francisco Daudt, precisamos pensar no *"valor das coisas bem-feitas, da cultura, do que pode ser construído, do desfrutar dessa qualidade da natureza humana que é antever, projetar, construir um futuro melhor"*.

Você consegue aprender o que quiser. Não de imediato, mas um dia você chega lá. Mas é você que faz o seu caminho.

Você não consegue até o dia em que consegue – o exemplo de Matheus França

Você entendeu o título deste capítulo? Então vou tentar explicar.

Uma das coisas mais difíceis em ser professor é convencer os alunos de que não há problema em não saber as coisas ou em demorar para entender. Às vezes eu gasto um tempão tentando provar ao aluno que ele é capaz de entender.

Há alunos que dizem *"Eu sou burro"*. E isso não é verdade. Aliás, não sei de onde sai uma afirmação dessas. Como alguém pode se chamar de burro? Todos conseguem aprender. O que varia é o ritmo em que cada um aprende.

Eu já disse inúmeras vezes que quando estamos aprendendo demora até sabermos de verdade. Mesmo que a gente pense que entendeu, há um processo de amadurecimento das ideias e das práticas na nossa cabeça até que consigamos produzir aquilo corretamente. Parte desse processo é tentar, errar, corrigir-se e tentar novamente — muitas vezes.

Um dia desses eu falei uma coisa para um amigo meu e ele não me entendeu. Então eu disse para ele: *"Você não me entendeu"*. Ele ficou bravo e disse: *"Eu não sou burro!"*. Eu não estava dizendo que ele era burro. Apenas que ele não tinha entendido o que eu disse. Pode ser que eu não tenha sido claro na minha frase, ou pode ser que ele realmente não tenha entendido. E tudo bem — eu estava disposto a falar novamente ou explicar de outra forma.

Admitir que não se entendeu alguma coisa não é um sinal de burrice. Errar também não é sinal de burrice. Todos erram e todos não entendem. Depois de algum tempo — que varia de pessoa para pessoa — você entende e para de errar. E começa a errar em outras coisas novas. E isso não acaba nunca, pois aprendemos coisas novas até o fim da nossa vida — graças a Deus, ou a vida seria um tédio!

Para aprendermos é importante tentarmos, mesmo que não tenhamos certeza. É importante dizermos que não entendemos quando realmente não entendermos. E, além disso, se nós acharmos que entendemos mas formos corrigidos por alguém, não encarar aquilo como uma ofensa ou uma crítica. Devemos aceitar, pensar sobre o assunto e tentar entender.

Muitos de nós têm a mania de colocar uma barreira na frente, como se precisássemos nos proteger ou defender dos outros. Ninguém o está acusando de não ter entendido. Apenas estão dizendo que você não entendeu e te dando a chance de entender.

Entendeu o que eu quero dizer? Se não entendeu, leia novamente. Uma hora você entende.

Um dia desses, o Matheus França, um aluno meu, deu sua opinião numa conversa. Quando ele acabou de falar, disse: *"Eu falei, mas não entendi o que eu mesmo disse"*. As pessoas que estavam ouvindo tinham entendido tudo. Para vocês verem como o entendimento varia de pessoa para pessoa.

Tenha paciência, calma e humildade. Você chega lá!

É importante se concentrar

No artigo "Questão de foco", publicado na *Folha de S.Paulo*, a psicóloga Rosely Sayão escreveu sobre um assunto muito importante para o auxílio no aprendizado — a necessidade de se concentrar.

Segundo o artigo, hoje em dia se valoriza demais a capacidade que as pessoas têm de fazer várias coisas ao mesmo tempo.

Isso não é necessariamente uma coisa boa. Os alunos estudam, ouvem música, checam as mensagens no msn ou no celular, assistem a TV, tudo ao mesmo tempo. E depois reclamam que não conseguem aprender direito.

Outras vezes, se estão somente estudando sem ter nada mais ao alcance, também reclamam que não conseguem estudar, pois não conseguem se concentrar. Ou seja, estamos perdendo a nossa capacidade de concentração. Isso é uma coisa que precisa ser trabalhada. A concentração é importante. A sua mente precisa estar focada no que você está estudando para que o aprendizado ocorra.

Rosely Sayão comenta que se observarmos um jovem fazendo algo que realmente gosta, veremos que ele consegue focalizar sua atenção totalmente em algo. O que precisamos é fazer o mesmo para estudar. Rosely diz que as pessoas precisam se concentrar não só quando querem, mas também quando precisam.

Quando você for estudar, desligue-se dos estímulos externos. Desligue o celular, o computador e concentre-se no estudo.

Quando estiver na sala de aula, concentre-se no que está acontecendo. Se um outro aluno estiver falando, preste atenção ao que ele está dizendo. Você também aprende ouvindo os colegas. Há alunos que acham que quando outro aluno está respondendo a uma pergunta ou falando alguma coisa é a sua hora de se desligar e pensar em outros assuntos. Não é. Você precisa estar ligado em 100% da aula.

Você pode dizer *"Mas se eu desligar a música, a TV e o celular e só estudar, vai ficar muito chato"*. Lembre-se de que a hora de estudar não é a hora de você se divertir. Às vezes estudar é um pouco chato, mas se você aprender bem vai se divertir usando aquilo que aprendeu. Depois que você acabar de estudar, vá se divertir: vá ouvir música, ver TV, bater papo com os amigos no computador. Cada coisa na sua hora.

Tudo é uma questão de treino. Se você se esforçar, vai conseguir se concentrar mais.

Faça um resumo do que estudou

Uma estratégia que pode auxiliar bastante no seu aprendizado é fazer um resumo do que você acabou de estudar.

Por exemplo, você passou uma hora estudando história do Brasil. Feche os livros e os cadernos, pegue uma folha de papel e faça um resumo do que estudou. Você pode tentar resumir as coisas que lembra, os fatos históricos e suas causas e consequências.

Fazer uma síntese do que você estudou muitas vezes pode ajudar a fixar melhor todo o conteúdo. Depois você pode usar esse resumo como auxílio na sua revisão. Enquanto você está escrevendo esse resumo, as ideias vão se organizando na sua cabeça e você acaba entendendo tudo ainda melhor. A sua mente se organiza para guardar a informação nova.

É comum perguntarmos a alguém *"O que você aprendeu hoje?"* e a pessoa dizer *"Não sei"*. Fazer um resumo ajuda você a se conscientizar do que está aprendendo. E com certeza ajudará você a aprender mais.

Ouça uma música relaxante enquanto estuda

Uma técnica que pode ajudar você a aprender melhor é ouvir uma música relaxante enquanto está estudando. Uma música calma e instrumental pode ajudar você a se concentrar melhor.

Se você nunca fez isso, que tal experimentar? Pode ser que dê certo para você. Como eu sempre digo, você nunca sabe se vai ser bom até tentar.

Escolha uma música suave, apenas instrumental e deixe o volume bem baixo, só como fundo para o seu estudo. Se a música tiver letra, você vai acabar prestando atenção a ela e perder a concentração no estudo. Se a música for agitada demais, ela pode agitar você ao invés de ajudá-lo a se concentrar.

Às vezes eu faço isso quando estou estudando ou quando preciso ler alguma coisa. Muitas vezes na sala de aula toco uma música bem baixinho enquanto os alunos fazem determinadas atividades. Até em dias de prova costumo tocar uma música instrumental suave. Em geral os alunos gostam — somente uma vez um aluno me pediu que desligasse, pois a música o atrapalhava.

As pessoas são diferentes e o que é bom para um não é necessariamente bom para todos. Eu sempre achei que música ajuda a aprender, mas nunca havia lido nenhuma explicação científica sobre isso. Até que achei um artigo no site *Seja bixo,* que dá dica para vestibulandos. Nele, Cecília

Cavazani fala sobre como a música pode ajudar ou atrapalhar o seu estudo.

Segundo Cecília, músicas mais agitadas como rock e funk podem ocasionar uma *"desordem na frequência cerebral."* Para que o estudo consiga ser mais eficiente, e para que você consiga absorver melhor o conhecimento, é preciso *"desobstruir seus comprimentos de onda."*

Ela conta que o médico e educador Lozanov descobriu que existe um estado de vigília relaxada, e que, se você estiver nesse estado, aprende mais facilmente e em menos tempo. E que esse estado acontece quando seu cérebro entra em "alfa". Quando você ouve música barroca, por exemplo, isso acontece. Nessas ocasiões, você vai ter uma melhora na percepção, na memorização e na recuperação das informações transmitidas.

Ela diz ainda: *"Sabendo que o cérebro em estado 'alfa' está livre de estresse e trabalha de forma mais concentrada e afinada com o restante do nosso corpo, catalisando o processo de aprendizagem, você pode aprimorar a sua forma de estudar, introduzindo música clássica em seu ambiente de estudos".*

Interessante, não? Acho que sempre é bom experimentar. Fica aqui uma sugestão.

Não se desespere

Quando estamos tentando aprender alguma coisa, é normal termos dias em que parece que não vamos conseguir aprender. Todos nós passamos por isso. Nesses casos, o importante é manter a calma e não se desesperar.

Ficar bravo e perder a cabeça não resolve nada. Não sei se você viu um vídeo que circula no Youtube em que uma menina tenta aprender a cantar a música "I Will Always Love You". Se não viu, vale a pena procurar e assistir.

Ela estava tentando fazer uma coisa muito difícil, pois o tom dessa música é muito alto. Em vez de tentar muitas vezes e acreditar que poderia conseguir, ela começou a gritar. Resultado: não conseguiu nada, a não ser fazer a gente se divertir.

Você já esteve numa situação semelhante? Eu me lembro de quando estava estudando química para o vestibular. Não conseguia entender nada, comecei a ficar nervoso, levantei a minha cadeira, joguei-a no chão e a quebrei. Não só não aprendi química, como depois tive que estudar em pé. O desespero não ajudou em nada.

Para termos sucesso, precisamos de muita dedicação, força de vontade e paciência. Você consegue aprender se tiver tudo isso. Ficar irritado, se desesperar e perder a cabeça não leva a nada. Nesse estado, é claro que não adianta continuar, pois o resultado vai ser cada vez pior. Às vezes, na hora que bate o desespero, é melhor dar uma paradinha, relaxar, fazer uma outra coisa e voltar àquilo mais tarde. De cabeça fria.

Você vai aprender quando estiver pronto

Muitas vezes você estuda, estuda, estuda, mas mesmo assim não aprende. Já falei aqui que um problema pode ser a maneira de você estudar. Mudando a maneira de estudar, você pode aprender mais.

Outra coisa que pode estar acontecendo é você ainda não estar pronto para aquilo. Às vezes o nosso cérebro ainda não é capaz de assimilar uma determinada coisa. Mas o fato de você já estar exposto àquilo vai ajudar. Um dia, quando você estiver pronto, vai entender. Quando eu digo que "a ficha cai" é a isso que me refiro.

Não adianta você ensinar um bebê de um mês a falar. Ele ainda não vai conseguir. Ainda não tem os instrumentos necessários para isso. Mas você precisa ir falando com ele e o estimulando. Quando ele estiver pronto, vai falar — e o tempo varia de um bebê para outro.

Você pode estudar alguma coisa e mesmo assim não entender muito bem como se usa. Talvez daqui a um ano você reveja esse assunto e como se fosse mágica vai entender tudo. Na verdade, não houve mágica — você se preparou para aquilo. E quando estava pronto, entendeu.

O que eu estou querendo dizer é que você não deve ficar frustrado se não entender algo direito, mesmo depois de ter tentado. Nem precisa ter medo de seguir em frente sem ter entendido o que veio antes. Pode continuar os estudos e pode passar para outro assunto. Outra hora você vai ter a chance de rever aquilo que não tinha entendido e vai ser muito mais fácil.

Na escola a gente organiza o conhecimento e cria uma ordem para ensinar as coisas. Mas na vida fora da escola — que eu chamo de "vida real" — isso não acontece. Nós aprendemos a falar o passado, o presente e o futuro ao mesmo tempo. Nós aprendemos vocabulário referente a comida, a roupas, a móveis, por exemplo, tudo misturado. A mãe não espera o filho saber o nome de todas as frutas para começar a ensinar os nomes das partes da casa. Nós aprendemos tudo ao mesmo tempo e temos a chance de reaprender muitas vezes.

Às vezes os alunos perguntam coisas ao professor que não têm a ver com a matéria que estão estudando. Se eles estão querendo saber aquilo, é porque estão prontos para isso. Por isso é importante que o professor responda. É claro que às vezes a explicação seria muito complicada para dar durante a aula, mas se for uma coisa simples ou uma palavra, não há por que não responder, principalmente porque naquele momento o aluno está pronto para aprender. Se ele aprender nesse momento, provavelmente irá se lembrar melhor.

Por isso não tenha medo, nem fique preocupado em seguir em frente mesmo que tenha dúvidas. Quando você estiver mais maduro no assunto em questão, tudo será mais fácil.

Vá atrás das coisas – não se acomode

Um dos fatores principais para você aprender é ir atrás das coisas. Não fique esperando que tudo venha para você de mão beijada.

Quando eu estava na faculdade de engenharia fui aluno do José Goldenberg, físico e depois ministro brasileiro. Eu me lembro de que na primeira aula de física que ele me deu ele disse: *"Eu não estou aqui para ensinar física para vocês. Estou aqui para motivá-los para que vocês aprendam sozinhos"*. Na época eu não entendi muito bem o que ele queria dizer com isso, mas hoje é muito claro para mim. Se você quiser aprender, precisa procurar.

Muitas vezes eu vejo alunos que não entendem uma determinada coisa e deixam por isso mesmo. Ou acham que entenderam "mais ou menos" e já se dão por satisfeitos. Assim não vão aprender nunca. Para aprender, você precisa saber de verdade.

Como fazer isso? Vá atrás! Procure saber mais sobre o assunto. Faça perguntas! Converse com quem sabe o assunto! Encontre informações em livros ou na internet.

Você pode dizer *"Mas dá muito trabalho!"* Dá mesmo, mas assim você aprende. Se você se acomodar, não aprende. O que é melhor?

Quando a minha família estava se preparando para a viagem das férias na qual íamos passar uma semana em Paris, resolvemos treinar um pouco o francês. Nós falamos muito pouco de francês. A frase que eu sei falar melhor é *"Eu não falo francês. Você fala inglês?"* Essa frase funciona bem porque se você perguntar em inglês direto, *"Do you speak English?"* os franceses não gostam. Mas perguntando em francês eles respondem e até falam em inglês com você.

A minha filha Bruna, que na época tinha 11 anos, comprou um livrinho de frases em francês e passava os dias com o livrinho para lá e para cá. Repetia as frases o dia inteiro, como se estivesse repetindo uma melodia. Falava conosco em francês, olhando no livrinho, e estava toda feliz. Isso partiu dela mesma, não foi ideia nossa. Ela foi atrás e tentou.

Não adianta esperar por um milagre. Você não vai simplesmente um dia acordar sabendo as coisas por milagre. Também não adianta achar que o professor vai te dar todas as respostas. Mesmo que ele te dê, você pode esquecer, pois foi uma coisa que veio de fora. O esforço para você realmente aprender vem de você. E você consegue — é só querer e ir atrás!

Pense em alguma coisa difícil que você conseguiu fazer — o exemplo de Anne Hathaway

Quando estamos estudando, é normal passarmos por algumas crises. Quando temos alguma dificuldade e não conseguimos entender alguma coisa, dá aquele pânico e achamos que nunca vamos entender.

Quando você se encontrar nessa situação, dê uma parada. Pense em alguma coisa — qualquer uma — que foi difícil na sua vida, mas que você conseguiu fazer. Lembre-se de qual era o problema e de como você o venceu. Lembre-se da sensação que você teve antes e depois de resolver o problema. Será que naquela ocasião você também não pensou que não ia conseguir? Pois é, mas conseguiu. Então agora você vai conseguir também.

Você pode estar numa aula de ginástica e ter dificuldades em fazer um abdominal sem forçar o pescoço. Não importa. Você já venceu problemas piores do que esse. E a ginástica não é a coisa mais importante da sua vida.

Ao receber o Globo de Ouro de 2012 como melhor atriz coadjuvante por sua atuação no filme *Les Misérables*, a atriz Anne Hathaway agradeceu às pessoas que a elegeram e disse que a partir daquele momento iria usar aquele troféu como uma arma contra a insegurança.

Imagine quantas vezes a atriz duvidou de si mesma e da sua capacidade de atuar. Isso acontece com todos nós. Quando vamos começar alguma coisa nova nos sentimos perdidos. Achamos que não vamos conseguir e pensamos em desistir. A insegurança nos faz duvidar de nós mesmos e nos paralisa. Todo mundo tem medo. O segredo do sucesso é ter medo, mas ir em frente assim mesmo. Isso com certeza foi o que Anne Hathaway fez. A posse do troféu de melhor atriz vai ajudá-la a se lembrar disso no futuro.

Você também pode fazer o mesmo. Você não precisa ter um troféu. A sua memória é o seu troféu. Lembrar-se dos problemas que você já teve e venceu pode servir de estímulo para você vencer os próximos problemas. Só depende de você acreditar na sua capacidade.

Faça a lição de casa

Quando eu pergunto aos meus alunos se eles gostam de fazer lição de casa, a maioria deles responde *"não"*. Mas se eu pergunto se eles acham que a lição de casa é importante, a maioria deles responde *"sim"*. É bom saber que a maioria tem consciência da importância da lição de casa. No entanto, muitos deles não a fazem mesmo assim.

Afinal, para que serve a lição de casa?

A lição de casa é uma parte muito importante do aprendizado. Quando você a faz, tem a chance de revisar o que estudou na sala de aula. Fazendo os exercícios, você pratica o que estudou e verifica se aprendeu ou não. Se você conseguiu fazer tudo e acertou, é um sinal de que está aprendendo. Se errou alguns exercícios — ou muitos, não importa — é sinal de que está no caminho certo, mas ainda não chegou lá.

Não há problema em errar os exercícios. O importante é você perceber o que errou e tentar aprender com eles. Quando o professor corrigir a sua lição de casa, aproveite e pergunte tudo o que você não entendeu. Tire as suas dúvidas. Depois tente fazer os exercícios mais uma vez.

Não deixe de fazer a lição de casa só porque acha difícil. Tente! Se acertar está ótimo, e se errar também. O fato de você tentar já coloca a sua cabeça para funcionar, e um pouco você já começa a entender.

Mesmo que você ache que entendeu tudo na aula, e que já sabe aquilo, faça os exercícios. Você pode descobrir que não tinha entendido tão bem quanto pensava. Isso é absolutamente normal.

Fazer a lição de casa vai preparar você para o dia em que você vai estudar por conta própria. Um dia você não vai mais precisar ir à escola e vai continuar aprendendo sozinho. Fazer exercícios vai ajudá-lo nesse processo.

Se você já está estudando alguma coisa por conta própria, também é importante fazer exercícios para praticar. Há muitos livros de exercícios com respostas. Há sites com exercícios e respostas. Você pode fazer o exercício e depois se corrigir, procurando trabalhar em cima dos seus erros.

Fazer a lição de casa também ajuda você a revisar o que estudou na aula anterior. A sua cabeça fica mais fresca. Assim, quando você chegar para a próxima aula, estará mais preparado para acompanhá-la.

Quando for estudar, esteja sempre preparado para as aulas. Não deixe de fazer a lição de casa e trazê-la no dia certo. Não importa se o seu professor recolhe os exercícios para corrigi-los ou se os corrige na sala de aula.

Além de fazer a lição de casa, procure sempre revisar o que aprendeu antes da aula seguinte. Isso também servirá para refrescar sua memória e deixá-lo pronto para a próxima lição. E o seu aprendizado será mais fácil dessa maneira.

Acima de tudo lembre-se de que estudar e fazer as lições de casa são bons para você. Nenhum professor dá lição de casa para ver você sofrer. Aliás, da mesma forma que você não gosta de fazê-la, os professores não gostam de corrigi-la. Mas o fazem, pois sabem da importância dela para o aluno.

Para o professor, a lição de casa é um importante *feedback* sobre os seus alunos e suas aulas. A partir dela ele pode replanejar as suas aulas e pensar em maneiras de fazer os alunos entenderem melhor o que eles ainda não entenderam. Se a turma inteira estiver com a mesma dificuldade, ele pode até fazer uma aula de revisão ou dar mais exercícios sobre um determinado tópico. Se apenas um aluno está com problemas, o professor pode dar uma atenção individual a esse aluno após a aula.

 Seja como for, a lição de casa é importante para todos. Não deixe de fazê-la. É para o seu próprio bem.

O erro é seu amigo

O livro *Autossabotagem*, de Bernardo Stamateas, fala sobre as diversas maneiras que nós mesmos nos sabotamos. Esse livro é muito interessante para conhecermos e pensarmos sobre a nossa forma de aprender.

Uma passagem muito interessante fala sobre a importância de errar, que é comum em qualquer aprendizado.

Segundo Bernardso Stamateas, *"Benjamin Franklin disse: 'Tudo o que dói, ensina.' Se ao errar você chora, o erro é seu inimigo. Mas se ele lhe deixa uma aprendizagem e você o usa como trampolim para o sucesso, será seu melhor amigo"*.

O livro fala ainda da importância de aprendermos com os nossos erros. Ele diz que ninguém se tornou excelente sem ter errado muito. O erro é sempre uma oportunidade de aprender.

Quantas vezes você deixa de fazer alguma coisa pelo simples medo de errar? Quantas vezes você acha que sabe alguma coisa, mesmo assim deixa de fazê-la com medo de errar?

Mesmo que você não tenha certeza, faça! Se você estiver certo, terá sido ótimo. Se você estiver errado, vai aprender que não era assim. Talvez ainda erre algumas vezes até aprender o certo, mas depois de um tempo vai aprender. No entanto, se você não fizer, ficará para sempre com a dúvida: *"Será que aquilo estava certo ou errado?"*

E continue errando. Erre durante toda a sua vida. Isso significa que você está sempre se arriscando a fazer coisas novas. E isso é sempre bom.

Se cair, basta levantar, dar risada e continuar! Esse é o caminho certo para aprender qualquer coisa.

O que importa não é dar a resposta certa, mas saber a resposta certa

Como professor de inglês, eu faço muitas perguntas aos meus alunos. No entanto, eu já sei a resposta de uma grande parte dessas perguntas. Por que eu faço isso, então? Porque estou querendo fazer o aluno pensar e descobrir a resposta. E todos os outros professores de inglês fazem a mesma coisa.

Quando eu vou ajudar os meus filhos a estudarem para as suas provas e pergunto a eles, por exemplo, *"Quanto é 7 x 6?"*, eles me perguntam *"Ué, você não sabe? Por que pergunta para mim?"*. Sim, eu sei, mas quero que eles descubram e aprendam.

Na sala de aula eu vejo alguns alunos que estão mais preocupados em dar a resposta certa do que em aprender a resposta certa. Na hora de fazer um exercício, quando eles não sabem alguma coisa, em vez de pensar, tentar, ou perguntar até descobrir, eles copiam a resposta de um colega e escrevem no seus livros. Quando eu vou corrigir o exercício e pergunto a resposta, eles levantam a mão e respondem corretamente, com um sorriso nos lábios.

Dizer a resposta certa não quer dizer que você sabe. E só porque a resposta está escrita no seu livro, também não quer dizer que você sabe. Para aprender, você precisa descobri-la por si.

Para aprender a escrever um texto em alemão, por exemplo, também é necessário praticar. Só se aprende a escrever, escrevendo. Você tenta, erra, recebe correções e comentários e reescreve, num processo que se repete até ficar bom. Mas ainda existem alunos que, em vez de escrever a sua composição, copiam um texto da internet e entregam ao professor.

O professor não está interessado em ler um texto perfeito. Ele está interessado em ensinar você a escrever. E para isso você precisa tentar. Mesmo que a sua composição esteja muito ruim no início, se você trabalhar em cima dela, vai conseguir melhorá-la. E, com o tempo, vai conseguir escrever melhor. Se entregar textos tirados da internet, você pode tirar notas altíssimas, mas não vai aprender a escrever.

Numa aula de línguas, quando fazemos exercícios de compreensão auditiva, tocamos uma gravação com um diálogo ou uma narração e os alunos devem responder a algumas perguntas. Isso também é um treino da compreensão. Quanto mais você praticar, melhor vai entender. Ainda assim há alunos que ouvem, não entendem, e copiam a resposta do colega ao lado.

Quando dou um exercício desses, ouço a gravação antes da aula. Eu já sei o que o texto diz! E quando pergunto algo aos alunos, não é para saber o que o texto disse. Eu quero é avaliar o quanto a compreensão deles está progredindo. Se eu percebo que de uma aula para outra os alunos estão entendendo mais, é sinal de que estão progredindo no inglês. Se um aluno não entendeu nada na gravação da aula anterior e hoje entendeu uma frase, já foi um grande progresso. E é isso o que importa!

Lembre-se de que você estuda para aprender e para melhorar um pouco a cada dia. É claro que é bom dar as respostas certas, mas apenas quando você realmente souber essas respostas. Se não souber, tudo bem, pois você está num processo de aprendizado. E um dia você vai chegar lá.

Você não estuda para agradar ao professor, mas para agradar a você mesmo!

Não ponha a culpa nos outros

Uma das coisas mais fáceis na nossa vida é colocarmos a culpa de tudo o que acontece conosco nas outras pessoas. Assim não temos responsabilidade por nada. Somos sempre as vítimas, coitadinhas. E temos pena de nós mesmos.

Em vez disso, que tal agirmos para resolver os nossos problemas?

É verdade que algumas vezes acontecem coisas que não são culpa nossa. Mas muitas vezes, a culpa é nossa, sim. Ou pelo menos temos a culpa de não termos agido para resolver o problema.

Você não aprendeu geografia e colocou a culpa no seu professor, que era ruim, ou que pegava no seu pé. E você, estudou? Fez a lição de casa? Tentou aprender? Eu já tive professores ótimos, regulares, ruins e péssimos. Mas não deixei de aprender. Se o professor era ruim, eu estudava mais por conta própria. Se o professor pegava no meu pé, eu estudava mais ainda só para mostrar para ele que eu era capaz.

Você não aprendeu porque o seu chefe dava muito trabalho e não sobrava tempo para você estudar? Por que não dividiu o seu tempo melhor? Por que não dormiu meia hora mais tarde para estudar? Por que não deixou de sair com os amigos um fim de semana para estudar um pouco mais?

Você não aprendeu porque a matéria é chata? Na verdade, quando a gente não consegue fazer alguma coisa, sempre acha que é chato. Passando a fase inicial e depois que você começa a entender mais, tudo vai ficando mais interessante. Até aprender a tocar flauta, você fica tocando notinhas e mais notinhas, achando chato e irritando todo mundo à sua volta. Mas depois de um tempo, você vai conseguir tocar melodias lindas. Precisa passar pela parte chata antes. Você tem persistência para isso?

Você não aprendeu espanhol porque quando era criança seus pais não te colocaram num curso de espanhol? Não adianta ficar culpando seus pais. Eles devem ter tido as razões deles — mas não me cabe julgar. Agora já passou, e é outra época. E agora, o que você vai fazer a respeito?

Nós precisamos tomar as rédeas da nossa vida. Se quisermos aprender de verdade, sempre dá para darmos um jeito. Dá para nos esforçarmos.

Se você é daqueles que põem a culpa nos outros por não ter aprendido, pense na parcela de responsabilidade que você tem nisso. Depois, em vez de ficar remoendo o passado, que tal arregaçar as mangas e fazer alguma coisa positiva?

Você consegue tudo — basta querer!

Muita coisa é chata no começo

Aprender é uma coisa maravilhosa. Conhecer coisas novas, saber fazer coisas novas é sempre uma alegria. No entanto, o processo até você chegar lá não é feito só de coisas boas.

Até você chegar ao ponto de conseguir fazer alguma coisa direito, ou aprender alguma coisa bem, você muitas vezes tem que passar por uma fase chata. Você não começa a tocar piano perfeitamente logo de cara; vai passar muito tempo praticando para mexer os dedos corretamente, tocando somente algumas notas, muito antes de tocar a sua primeira sinfonia. No entanto, é essa fase chata que vai fazer você tocar bem. Você precisa passar por ela.

Para aprender a tocar violão, por exemplo, você vai tocar várias músicas das quais não gosta. Mas é importante você aprendê-las, pois vai aprender a tocar ritmos variados, batidas variadas e vai aprender diferentes posições e movimentos de mão que serão muito úteis no futuro, quando você for tocar só as músicas de que gosta. Para chegar na fase que gosta, você precisa passar pela parte chata.

Nós vivemos numa cultura em que queremos ter prazer imediato com tudo. Nos recusamos a sofrer um pouquinho, a fazer um sacrifício em troca de um benefício futuro. No meu livro *101 Dicas Para Você Aprender Inglês Com Sucesso* eu escrevi que *"sofrer faz parte do aprendizado"*. Em inglês há um ditado que diz *"no pain, no gain"*, ou seja, sem dor não há ganho algum.

Um bailarino sente dores musculares enquanto está treinando — e durante as apresentações também. Mas essas dores garantirão o resultado final. Estudar também cansa — e muito — mas depois que você aprende, a sensação que fica é a alegria de ter aprendido.

Muita gente desiste de aprender, por achar chato. O que acontece é que essas pessoas estão pensando somente no momento, e não no resultado final.

Qual a sua atitude em relação ao seu aprendizado? Pense um pouco e lembre-se sempre de que por mais chato que seja, no final haverá um resultado prazeroso. É assim para tudo e isso deve sempre nos estimular para aprender mais.

Nunca deixe de aprender

Meus alunos sempre me perguntam: *"Até quando eu vou ter que aprender inglês?"*. E eu respondo: *"Para sempre"*. Isso não é para desanimá-los. O fato é que a gente sempre tem mais coisas para aprender.

Isso não é verdade apenas para o inglês, mas para tudo na vida. Nós sempre podemos aprender mais. As coisas mudam, se transformam. Novas coisas, ideias e conceitos aparecem e temos que aprender ou ficamos fora da realidade.

Tem gente que diz *"No meu tempo era assim..."*, mas na verdade o seu tempo é agora. Se você ainda está vivo, este é o seu tempo e você precisa sempre participar dele. No dia em que você parar, realmente o seu tempo terá acabado. Portanto, siga aprendendo e vivendo o seu tempo.

O mundo oferece muitas oportunidades para nós aprendermos. Basta aproveitarmos.

O nosso cérebro tem uma capacidade imensa de armazenamento. Ele nunca fica cheio. Sempre cabe mais. Temos que usá-lo.

Nunca deixe de aprender!

Referências bibliográficas

BIDERMAN, Iara. "Hoje, só amanhã", *Folha de S.Paulo*, 30/08/2011.

_____ . "Pesquisa mostra o poder das posturas corporais", *Folha de S.Paulo*, 25/09/2012.

BRUM, Eliane. "Meu filho, você não merece nada", Época, 11/07/2011.

COSTA, José Eduardo. "As empresas gastam mal em treinamento", *Você S/A*, 10/12/2011.

DAUDT, Francisco. "Imediatismos", *Folha de S.Paulo*, 22/03/2011.

GENESTRETI, Guilherme. "Autora explica por que todo mundo erra e ninguém assume", *Folha de S.Paulo*, 30/08/2011.

GIARDELLI, Gil. "Uma nova educação", *Você S/A*, 10/11/2011.

GOIS, Antonio. "Ênfase em testes empobrece a qualidade da educação, diz Nobel", *Folha de S.Paulo*, 17/10/2011.

GOMES, Adriana. "Situação desconhecida não deve ser encarada como provação", *Folha de S.Paulo*, 11/11/2012.

GONTOW, Carlos. *101 dicas Para Você Aprender Inglês Com Sucesso*. São Paulo: Disal, 2011.

GONTOW, Carlos – Blog *Dicas Para Aprender Inglês* Disponível em <http://dicasingles.wordpress.com/>.

KAMNCHEK, Amanda. "Resiliência, uma questão de fibra", *Você S/A*, 10/04/2012.

LUCENA, Rodolfo. "Sem atalhos", *Folha de S.Paulo*, 01/11/2011.

MEIER, Marcos. "Elogie do jeito certo". Disponível em <http://www.marcosmeier.com.br/colunas.php?id=19>. Acesso em 26 ago 2013.

MUSSAK, Eugênio. "Atitude DIY", *Você S/A*, 10/12/2011.

MUSSAK, Eugênio. "A procura dos melhores", *Você S/A*, 10/07/2012.

OLIVEIRA, Anna Carolina. "A Mente brilhante", *Você S/A*, 08/04/2011.

PENNA, Gabriel; SPOTORNO, Karla; ROSSI, Lucas. "Sim, você tem experiência", *Você S/A*, 10/04/2012.

SAYÃO, Rosely. "Filho, pra quê?", *Folha de S.Paulo*, 17/04/2012.

SAYÃO, Rosely "Questão de foco", *Folha de S.Paulo*, 22/03/2011.

ROMÃO, Cesar. "Pague o preço por seus sonhos", *Vencer*, 2005.

STAMATEAS, Bernardo. *Autossabotagem*. São Paulo: Academia da Inteligência, 2009.

VIEIRA, Vanessa. "Trabalho sem pedágio", *Você S/A*, 10/06/2011.

VINES, Juliana. "Um gosto a mais", *Folha de S.Paulo*, 23/08/2011.

Disponível em <http://site.suamente.com.br/>. Acesso em 26 ago 2013.

"Estudando com música", Blog *Seja bixo*. Disponível em <http://www.sejabixo.com.br/vestibular/como2.asp?id=408>. Acesso em 26 ago 2103.

Sobre o autor

Olá!

Meu nome é Carlos Gontow. Nasci em Porto Alegre em 1960. Aos 14 anos mudei-me para São Paulo, onde vivo até hoje.

Me formei e pós graduei em engenharia civil pela USP. Depois estudei teatro e me formei no Teatro Escola Macunaíma, tirando o registro profissional de ator.

Em 1987 comecei a dar aulas de inglês, e me apaixonei por essa profissão. Estudei, fiz cursos de treinamento, e tirei o diploma de professor pela Universidade Mackenzie.

Hoje dou cursos de treinamento para professores, escrevo livros e ainda dou muitas aulas para crianças, adolescentes e adultos.

Acredito que o professor não ensina, mas motiva as pessoas a aprenderem. Acho que essa é a minha grande missão.

Este livro foi composto nas fontes Auto e Documenta e
impresso em outubro de 2013 pela Yangraf Gráfica e Editora Ltda.,
sobre papel offset $90g/m^2$.